IVAN MAURIZZI

INVESTIRE CON I DERIVATI

Strategie per Guadagnare Denaro e Moltiplicare i Profitti con i Più Sofisticati Strumenti Finanziari

Titolo
"INVESTIRE CON I DERIVATI"

Autore
Dott. Ivan Maurizzi

Editore
Bruno Editore

Sito internet
http://www.brunoeditore.it

Sommario

Introduzione

Nell'ultimo decennio, gli strumenti finanziari derivati sono saliti agli albori della cronaca come causa di disastri finanziari più o meno evidenti. Dal collasso finanziario di alcuni comuni italiani, fino a vere e proprie crisi mondiali con conseguenti crack di importanti istituti, i derivati sono sempre stati visti come strumenti di investimento "infernali". Warren Buffet, in una intervista di fine 2012, pubblicata su Repubblica.it il primo Luglio 2013, è arrivato a dire, in riguardo ai derivati, che sono strumenti catastrofici, addirittura "armi di distruzione di massa". Lungi da me il contraddire il "Guru di Omaha", ma cerchiamo di essere un po' critici.

La mia domanda è: ma le cose stanno veramente così? Questi strumenti sono realmente così perversi e pericolosi, da ingenerare panico anche solo a nominarli? Sono davvero così rischiosi da venire addirittura sconsigliato il loro acquisto da parte della clientela retail (ovvero l'investitore medio)?

Anche se le buone maniere impongono di non rispondere ad una domanda con un'altra domanda, mi sento di essere provocatorio e vi chiedo: possono essere tanto pericolosi strumenti il cui valore nominale è stato stimato, alla fine del 2012, dalla Banca Internazionale dei Regolamenti in circa 633 trilioni di dollari, cioè a dire quasi nove volte l'intero PIL mondiale? Ingenuamente io penso che ad essere pericolose, siano le persone che sottoscrivono questi strumenti in maniera superficiale, senza un minimo di cultura finanziaria e, se questo non bastasse, lasciano pure da pagare il conto agli altri.

Questo corso, vuole insegnarvi a conoscere bene il fantastico mondo della finanza derivata. Vi spiegherò passo-passo, cosa sono e perché vengono utilizzati questi strumenti e anche perché sono così importanti nella vita di ogni risparmiatore che si rispetti. Prenderemo in esame tutti quegli strumenti riservati alla clientela non istituzionale, per la quale sono invece previsti prodotti specifici, imparando a scegliere bene i prodotti che più si adattano alle nostre esigenze. Questo testo vi consentirà di capire come e quando utilizzare questi strumenti che possono essere al contempo, sia speculativi che difensivi. È un manuale pratico e, proprio per questo, immediatamente operativo. Fin dalle prime pagine vi sarà chiaro come e perché investire in questi strumenti. Imparerete a comprendere quelli che sono i termini usati in questa branca della finanza, capirete cosa significa andare corti, realizzare strategie sintetiche ecc.

Voglio fare una doverosa precisazione, quanto verrà detto in questo libro non costituisce minimamente sollecitazione all'investimento o consulenza di qualsivoglia tipo. Quanto verrà esposto, è frutto di anni di studio e di applicazioni operative e non è dunque garantito il raggiungimento di risultati simili. Il lettore, come l'investitore, è pienamente responsabile delle proprie azioni. Gli esempi riportati sono studiati appositamente per rendere più fluido l'apprendimento e quindi non sono riconducibili a fatti reali anche se li simulano in maniera piena. Detto questo, comincia questo viaggio alla scoperta della finanza ad alto livello. Buona lettura.

CAPITOLO 1:
Come cominciare a prendere confidenza

Come abbiamo detto nell'introduzione, nell'ultimo decennio gli strumenti divenuti più popolari in assoluto, sono sicuramente i derivati. Questi strumenti finanziari, sono saltati agli onori della cronaca come base di ogni buon scandalo finanziario. Se vi ricordate bene la parola " derivati" campeggiava su molte testate giornalistiche, mai associata però a termini lusinghieri.

Nella mia esperienza di consulente e anche di economista, ho imparato una grande verità, valida a mio avviso per qualsiasi campo dell'attività umana dall'economia all'arte, alla cucina, medicina e via dicendo: quando fioriscono troppi "esperti" in determinati settori che hanno una competenza più che limitata, è tempo di scappare. Cito un esempio su tutti. Nel periodo '97-'98 quando stava cominciando il boom delle famose .com (ovvero la bolla speculativa di Internet), io ricevevo consigli di investimento sui titoli azionari da acquistare, sia dal mio barbiere di fiducia che dal mio dentista. Due grandi professionisti nei rispettivi campi, ma purtroppo, quando la bolla è scoppiata, finirono per ritrovarsi con meno denaro di quando avevano cominciato.

È facile diventare esperti in un settore durante un grande trend di massa. Le cose però si complicano quando il trend finisce e, come diceva Leopardi nel Sabato del villaggio: «... ed al travaglio usato, ciascuno in suo pensiero farà ritorno...», costringendoci a tornare ad occuparci di quello in cui eravamo più competenti. Spesso però non si riparte da dove avevamo lasciato, perché ci si ritrova, troppo spesso, con le ossa rotte ed è difficile ricominciare a pieno regime.

In concreto, sto cercando di dirvi semplicemente che è facile parlare, bene o male a seconda dei casi, di qualcosa che riempie i titoli a nove colonne dei principali quotidiani. Molto più ostico risulta invece parlare, con cognizione di causa, di un argomento qualunque esso sia. È altrettanto facile dare consigli gratuiti su argomenti di cui pensiamo di saper tutto. Tanto i consigli non costano nulla, ma farsi una cultura appropriata, comporta un grande investimento di tempo e denaro.

Così sono i derivati, strumenti finanziari incredibilmente efficaci e potenti che sono divenuti, a torto, il capro espiatorio di tutte quelle che sono le insoddisfazioni e i mugugni degli investitori delusi anche in maniera lieve. Ma allora, perché sono tanto diffusi? Perché in ogni portafoglio che si rispetti questi sono presenti? E come sono riusciti a sopravvivere fino ai giorni nostri, essendo forse la forma di strumento finanziario più antico che esiste?

Perché forse, non sono poi così brutti, sporchi e cattivi come vogliono far credere alla grande platea. È facile puntare il dito contro qualcuno o qualcosa, ma è bene ricordarsi che ogni volta che puntiamo un dito, tre sono puntati verso di noi (provate a farlo). Non esistono a priori cose buone o cattive, esistono però strumenti utilizzati in maniera corretta oppure scorretta. Voglio farvi un esempio, io sono un tipo molto goloso e vado matto per dolci come la Sacher torte (penso di non essere solo). Sarete d'accordo con me nell'affermare che un dolce di questo tipo è un ottimo fine pasto, una buonissima colazione e un eccellente cibo consolatorio nei momenti brutti della vita. Ma se vi dicessi di costruire un'abitazione con dei dessert, pensereste ancora che questo sia un buon utilizzo? Mi spiego meglio, sostituireste i mattoni e il cemento con strati di millefoglie e crema? Credo, e voglio sperare, di no!

Allora prima di dare responsabilità a uno strumento finanziario per il cattivo esito dei nostri investimenti, cerchiamo di conoscerlo meglio in modo da capire se l'uso che ne abbiamo fatto era corretto o meno. Cominciamo allora con un po' di nomenclatura tanto per riscaldarci. In seguito passeremo allo studio degli strumenti di maggior diffusione, così da prendere maggiore confidenza con la materia trattata. Partiamo con una definizione preliminare di derivato, che ci sarà utile per effettuare un migliore inquadramento. Si definisce derivato «uno strumento finanziario il cui valore è correlato (sia positivamente che negativamente) a quello di un'altra attività, definita "sottostante", rappresentata da: azioni, obbligazioni, materie prime, indici, titoli, paniere di titoli, tassi di interesse ecc».

Come si può facilmente evincere dalla definizione, il termine derivato è frutto del fatto che il valore di questi strumenti "deriva" dall'andamento di altri strumenti posti come base di calcolo.

Come avremo l'opportunità di apprezzare più avanti, l'investitore in strumenti derivati, può assumere posizioni molteplici sul sottostante. I problemi sorgono quando lo stesso investitore, sbaglia le previsioni sull'andamento del valore del sottostante ed è qui che si possono subire perdite anche considerevoli. Cominciamo con il fornire delle linee guida base relative a questi strumenti, così da entrare un po' nei meccanismi che ne regolano il funzionamento. Ogni strumento di cui parleremo ora, sarà ripreso e approfondito nel capitolo a lui dedicato, adesso faremo solo una prima conoscenza.

I Futures

Sono definiti «contratti a termine standardizzati, relativi a operazioni di acquisto e/o vendita di una specifica attività finanziaria (sottostante o underlying) in una data futura e ad un prezzo prefissato (prezzo di esercizio o strike price)». Essendo un contratto standardizzato, ovvero sottoposto a regole certe contrattualmente prefissate, il contratto future si concretizza nell'obbligo che le parti assumono di scambiarsi il sottostante alla data e al prezzo prestabiliti nel contratto. L'elemento base del future è sicuramente rappresentato dall' “effetto leva”, del quale parleremo più avanti. I contratti di questo tipo hanno origini addirittura medioevali e avevano per oggetto la previsione dell'andamento del raccolto dell'anno venturo.

Le opzioni

Sono «contratti per cui, dietro il pagamento di un premio, l'investitore compra la possibilità, ma non l'obbligo, di acquistare o vendere entro (o alla) scadenza, una determinata quantità di sottostante ad un prezzo prefissato». Le opzioni sono dei derivati estremamente versatili, lo capiremo meglio nel momento in cui cominceremo a prendere confidenza con le strategie che possono essere poste in essere utilizzando questi contratti. Le opzioni sono, né più né meno, che dei diritti e danno all'acquirente la facoltà di scegliere il da farsi, durante tutta la vigenza del contratto. Le opzioni possono essere di tipo: call, quando si acquista la facoltà di comprare un sottostante; put, quando si acquista la facoltà di vendere un'attività sottostante. Le opzioni possono anche essere: europee, nel caso in cui l'esercizio avviene il giorno della scadenza del contratto; americane, se l'esercizio può avvenire in una data qualsiasi prima della scadenza.

Warrant e Covered Warrant

Sono «strumenti finanziari che conferiscono al detentore, la facoltà di sottoscrivere, acquistare o vendere entro, o alla, scadenza un certo quantitativo di sottostante (generalmente azioni) a fronte del versamento di un importo predeterminato o da stabilire secondo specifici criteri». Come avremo modo di apprezzare, sono strumenti molto simili alle opzioni.

Posizioni Long e Short (lunghe e corte) sui derivati

Una posizione Long in un contratto derivato, si assume quando viene acquistato il derivato stesso. In questa circostanza l'investitore trae profitto dalla variazione del valore del sottostante, se concorde con la natura del titolo. So che ora molti di voi faranno delle facce strane, ma vi faccio alcuni esempi per meglio comprendere.

Acquistando un contratto future su un indice di borsa, voi assumerete una posizione long sul contratto future e dunque beneficerete del rialzo del valore del sottostante. Assumendo invece una posizione long su una opzione put, magari sullo stesso indice, il vostro investimento beneficerebbe questa volta di un ribasso del valore del sottostante in quanto le long put premiano gli andamenti ribassisti. State tranquilli, fra poco sarà tutto più chiaro. Le posizioni short si accendono invece, quando si vuole guadagnare sul ribasso del valore del sottostante, senza possederlo realmente. Ad esempio, se assumessimo una posizione short su un future, cosa ci dovremmo aspettare per ottenere un guadagno? Esatto, un ribasso del valore del sottostante. Le posizioni short, infatti, vengono assunte quando non si possiede il titolo in oggetto della contrattazione, ma si intende acquistarlo in un secondo momento a un prezzo più basso.

So che per molti può risultare strana questa condizione, ma nelle contrattazioni borsistiche, questa eventualità è all'ordine del giorno. Avete mai sentito parlare di "vendite allo scoperto"? Penso proprio di sì. Se vi ricordate bene, non molto tempo fa, questa pratica fu addirittura bandita da molte borse valori, al fine di evitare eccessive speculazioni in tempo di crisi.

La posizione corta è una pratica molto usata anche se purtroppo, negli ultimi tempi, non è consentita a tutti i risparmiatori. La vendita allo scoperto è semplicemente una metodologia che permette di vendere quello che ancora non si possiede (ad esempio azioni) con l'obbligo di riacquistarle entro una certa data. Con questo meccanismo noi incassiamo i soldi della vendita immediatamente, con l'obbligo però, in una data successiva, di acquistare questa stessa quantità di titoli. Una pratica del genere si fa quando si è convinti di un ribasso del valore del titolo. Infatti, io vendo subito delle azioni, incasso e prevedo di riacquistarle più avanti ad un prezzo più basso. Il mio guadagno sta tutto nel differenziale tra prezzo di vendita al prezzo di acquisto.

Clearing House o Cassa di Compensazione e Garanzia

In Italia questo istituto è rappresentato da una società che assicura la compensazione (cioè lo scambio di denaro fra le controparti, assumendo lei stessa l'onere del buon fine dei contratti e garantendo liquidità sufficiente al mercato) di contratti derivati, in particolare contratti futures.

La cassa di compensazione e garanzia in pratica, si frappone tra le controparti di un contratto, infatti colui che acquista un future, non acquista direttamente dal venditore ma bensì dalla stessa cassa di compensazione e garanzia. Allo stesso modo, chi vende,

vende alla cassa di compensazione e garanzia e non direttamente all'acquirente. Questa intermediazione, che garantisce il buon esito delle operazioni sia per chi acquista ma anche per chi vende, ha dei costi. Questi costi vanno sotto il nome di "margini di garanzia" e servono come base di rivalsa, nel caso in cui ci sia il mancato buon fine di una o più operazioni. Nel caso dei futures, il margine di garanzia è utilizzato anche per effettuare le compensazioni giornaliere in dare/avere, avendo riguardo alla natura della posizione sul contratto e alla tipologia del sottostante.

Cash Settlement o Regolamento per differenziale

Nei contratti futures, è la forma di estinzione degli obblighi finanziari più comune oggi giorno. C'è da ricordare il fatto che non è l'unica forma di regolamento per i contratti derivati. Esiste anche la così detta "consegna fisica del bene". Ad esempio l'acquirente di un future sull'indice di borsa (FTSE MIB, DAX, CAC 40, DOW JONES ecc.) al momento della regolamentazione finale del contratto, cioè al momento di riscuotere i frutti, non riceverà il sottostante vero e proprio, anche perché come si può consegnare un indice borsistico? Si procede invece a effettuare una serie di calcoli che prevedono il pagamento immediato delle somme sia in positivo che in negativo. La regolazione del contratto per consegna fisica (caso che si può verificare quando, come sottostante del derivato, incontriamo delle materie prime come: grano, petrolio, oro, carne bovina) fa si che l'acquirente possa decidere se regolarlo monetizzandolo, pagando o ricevendo un differenziale in denaro dato dalla differenza tra prezzo di acquisto e prezzo di vendita, ma può anche decidere di prendere il controvalore in beni. Ad esempio, se avessimo acquistato un future sul petrolio greggio, noi possiamo decidere anche di farci consegnare veri è propri barili di questa materia prima. Non crediate che sia un'assurdità, può esserlo per piccoli investitori, ma per le grandi compagnie petrolifere questo è all'ordine del giorno. Torniamo a noi, è chiaro che la consegna fisica non avviene a casa mia come la posta, ma dovrò recarmi a prendere il sottostante in un luogo fissato contrattualmente al momento della sottoscrizione. Ad esempio, per quello che riguarda il petrolio ci sono alcuni porti sparsi nel mondo dove avviene questa tipologia di consegna. Poi bisogna organizzare la spedizione nel luogo di raffinazione, il tutto con ingenti costi. Capite bene dunque perché la regolazione per differenziale in contanti, è molto più utilizzata della consegna fisica.

Mi viene in mente un simpatico aneddoto che il mio professore di tecnica di borsa, ci raccontò a lezione per sottolineare l'importanza della regolamentazione per differenziale piuttosto che per consegna fisica. Ci raccontò di un operatore di borsa alle prime armi. Questo novello trader, fu assunto al CME (ovvero il Chicago Mercantile Exchange) che è la più grande borsa dei contratti derivati al mondo. Questo operatore si dimenticò di esercitare un contratto future sulla carne di maiale (esistono realmente queste tipologie di contratti), niente di male se sul contratto stipulato non fosse stata riportata la clausola di consegna fisica. Il contratto si rivelò un ottimo investimento, infatti in quel periodo, la carne di maiale aveva avuto una crescita importante, il problema è che la consegna fisica prevedeva qualcosa come 10.000 maiali vivi ed era prevista, per fortuna, presso la locale borsa merci. Nella sfortuna il giovane fu fortunato, non solo per il buon esito dell'operazione, ma anche perché di lì a qualche giorno, si sarebbe svolta un'importante fiera agricola dove avrebbe potuto rivendere tutti i maiali. Ora non so dirvi dove finisca la realtà e inizi la finzione, però potrebbe capitare che sbagliando i termini del contratto ci si ritrovi a fare il mandriano per qualche giorno.

SEGRETO n. 1: ricordatevi di essere sempre attenti e meticolosi con gli strumenti derivati.

Leva finanziaria o leverage

Facendo riferimento alla normativa della Consob, con il termine leva finanziaria si suole indicare «il rapporto tra il controvalore di mercato (ovvero il prodotto tra il numero di titoli e il prezzo del titolo stesso) delle posizioni nette in strumenti e quelle del patrimonio impiegato». La leva non è altro quindi che un moltiplicatore relativo a quanto si può incrementare il valore degli strumenti finanziari.

I derivati, danno la possibilità di gestire grandi quantità di titoli con una bassissima esposizione in termini di investimento iniziale. Pensiamo ad esempio alle opzioni, dove con pochissimi euro possono essere controllati quantitativi di azioni molto importanti (500 o più).

SEGRETO n. 2: la leva finanziaria, applicata gli strumenti derivati, fa sì che le oscillazioni di prezzo del sottostante si ripercuotano in maniera più che proporzionale sul valore del

derivato stesso.

Ad esempio, se acquisto un'azione ad un prezzo X, e questa mi aumenta di € 0,10, io ho un guadagno potenziale di € 0,10 per azione. Acquistando un'opzione, sempre su quel titolo, dove il sottostante è rappresentato non da una bensì da 500 azioni il valore non mi si alzerà di soli € 0,10, ma l'incremento sarà molto più sostanzioso nei limiti contrattualmente previsti.

Copertura o Hedging

Gli usi principali che si possono fare degli strumenti derivati, sono: di natura speculativa e di natura difensiva. La copertura attraverso derivati, è un modo molto sofisticato e intelligente di coprire i propri investimenti dai rischi di natura finanziaria. I derivati possono essere utilizzati come una sorta di assicurazione contro i danni causati dalla probabile deviazione del mercato, da quelle che erano le nostre aspettative.

Mi spiego meglio, se noi acquistassimo delle azioni lo faremmo in previsione di un rialzo del loro prezzo. Se così non fosse però, andremmo incontro a una perdita potenziale anche molto elevata.

Per ridurre gli effetti di una situazione di questo tipo, si può ricorrere ad esempio all'acquisto di un'opzione put su quel titolo, così da limitare le eventuali conseguenze di inattese variazioni che andranno a colpire il nostro sottostante. Il fine principale della copertura, è proprio quello di anticipare temporalmente un andamento avverso a quello atteso.

SEGRETO n. 3: la copertura con strumenti derivati si effettua quando si decide di prendere una posizione, sia lunga che corta, su uno specifico strumento finanziario.

Speculazione

La posizione antitetica rispetto a quella della copertura, è proprio quella della speculazione. Come ricordate dal paragrafo precedente, la copertura e la speculazione, erano gli elementi fondamentali che ci spingevano ad acquistare strumenti derivati. La speculazione con questi strumenti assume i connotati di una vera e propria scommessa. Anche se i puristi della materia storceranno il naso, nella speculazione ritroviamo molti caratteri tipici del gioco d'azzardo. Chi scommette, perché lo fa? Semplicemente perché spera di trarre il maggior beneficio possibile da un evento, con il minimo sforzo e la minima spesa. Si pensi ad esempio alla scommessa su una partita di calcio, oppure quando si gioca al lotto o al Superenalotto. Chi lo fa, cerca di portarsi a casa una bella somma investendo però pochi euro. Chi specula, sia in finanza che nella vita di tutti i giorni, lo fa assumendo una posizione che spera sia premiante. Se si decide di acquistare un future sul FTSE MIB, è perché, valutando segnali economici e analizzando grafici, si pensa che detto mercato possa avere, in un tempo tutto sommato contenuto, un discreto rialzo. Noi beneficeremo di questo rialzo sfruttando l'effetto leva, portandoci a casa un sostanzioso guadagno, avendo investito molto meno denaro di quello che sarebbe servito per acquistare uno strumento che replicasse fedelmente l'andamento dell'indice.

Arbitraggio

Per dovere di cronaca, oltre a poter essere utilizzati per operazioni speculative e di copertura, i derivati hanno anche un'altra possibilità di impiego. Questa terza eventualità, va sotto il nome di arbitraggio e, oramai, è presente quasi esclusivamente nei testi universitari. Perché dico questo? Per il semplice fatto che grazie all'informatizzazione delle borse, alla dematerializzazione degli strumenti finanziari e alla globalizzazione delle informazioni, le condizioni di arbitraggio sono diventate sempre più casi rari. Con il termine arbitraggio, si vuole indicare quella situazione in cui è possibile realizzare un profitto certo (quindi assolutamente privo di rischi) effettuando transazioni simultanee su due o più mercati.

Come dicevo poc'anzi, oggi le possibilità di arbitraggio sono poche e di entità molto contenuta. Solo grandi istituti o investitori istituzionali, i quali possono disporre di strumenti elettronici estremamente sofisticati, possono approfittare delle eventuali asimmetrie e inefficienze dei mercati finanziari globali. Proprio in considerazione di questa eventualità remota, noi non tratteremo questa possibilità, in quanto eccessivamente teorica e quindi non produttiva per un manuale come questo che vuole essere principalmente operativo.

Come avete visto, anche solo il lessico che contraddistingue questi strumenti è oltremodo specifico e sofisticato. Questa notazione preliminare che ho voluto fare, serve solo per mettere tutti quanti nelle stesse condizioni ovvero quelle di conoscere, anche se in maniera poco approfondita per ora, tutte quelle che sono le parole che chi opera in derivati può incontrare nella vita di tutti i giorni. Adesso non ci resta che cominciare ad analizzare, nello specifico, i prodotti tipicamente utilizzati dalla clientela retail nell'operatività quotidiana.

RIEPILOGO DEL CAPITOLO 1:

- SEGRETO n. 1: Ricordatevi di essere sempre attenti e meticolosi con gli strumenti derivati.
- SEGRETO n. 2: La leva finanziaria, applicata gli strumenti derivati, fa sì che le oscillazioni di prezzo del sottostante si ripercuotano in maniera più che proporzionale sul valore del derivato stesso.
- SEGRETO n. 3: La copertura con strumenti derivati si effettua quando si decide di prendere una posizione, sia lunga che corta, su uno specifico strumento finanziario.

CAPITOLO 2:
Come utilizzare i Futures

Dalla definizione preliminare che abbiamo dato nel capitolo precedente, i furtures sono: strumenti finanziari derivati costituiti da un contratto a termine (cioè con una data di scadenza certa) standardizzati (ovvero che vengono scambiati in un mercato sottoposto a regole ben precise) ed è relativo ad operazioni di acquisto/vendita di un sottostante ad una data futura, ad un prezzo che viene determinato in sede di sottoscrizione del contratto stesso.

Cosa significa tutto questo? Ad esempio, chi acquista un future, come detto di precedenza, prende una posizione lunga (long future), quindi l'investitore dovrà acquistare alla scadenza il sottostante al prezzo prefissato (future price). Oppure può chiudere la sua posizione, aprendo una posizione corta (short future) sullo stesso sottostante, prima della scadenza. Alla stessa maniera, chi accende una posizione corta su strumenti di questo tipo, si impegna a consegnare alla scadenza l'attività sottostante, oppure può chiudere anticipatamente questa posizione acquistandone una lunga sull'analogo future. Come possiamo apprezzare dunque, colui che acquista un future guadagna se il valore del sottostante aumenta, mentre chi vende il future, guadagnerà nel caso in cui il sottostante scenderà di valore.

SEGRETO n. 4: per chiudere una posizione in future non si deve eseguire un'operazione di segno inverso, ma accendere una posizione complementare che annulli gli effetti della prima.

Quanto poc'anzi detto, è vero solo e quando il sottostante del nostro strumento è un'attività finanziaria come: un indice, una azione o una materia prima. Nel caso invece fossimo in presenza di un tasso di interesse, le cose sarebbero leggermente diverse, infatti l'apprezzamento di un long future si concretizzerebbe nel caso in cui, il valore del sottostante, subisca una contrazione. Rilassatevi, i contratti futures su tassi di interesse sono questioni da istituto bancario o per soggetti fortemente esposti al debito. Posso comprendere che i concetti che vi ho esposto non siano immediatamente comprensibili, ma abbiate la pazienza di seguirmi e sarà tutto più chiaro.

Grafico Long Future

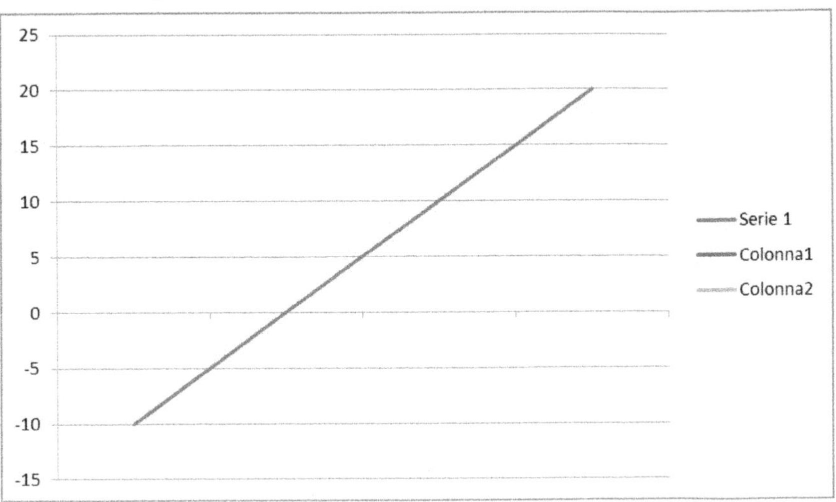

Sull'asse delle x troviamo l'evoluzione temporale del nostro contratto, mentre sull'asse delle y abbiamo i valori di prezzo. Essendo strumenti standardizzati in quanto, gli elementi costitutivi dello stesso contratto sono stabiliti a priori come: la scadenza (i futures si identificano generalmente con il loro mese di consegna, esistono sempre quattro date in cui è possibile identificare il future), le modalità di negoziazione (che avvengono sempre attraverso la cassa di compensazione e garanzia), il taglio (definito anche dimensione del contratto, è relativo all'ammontare preciso dell'attività sottostante che dovrà essere consegnata al momento della scadenza), le modalità di consegna (come abbiamo visto nel capitolo precedente, avviene per differenziale per contanti e attraverso conti corrente, ma se c'è consegna fisica deve essere indicato il luogo dove questa avverrà in modo da poter conteggiare anche i costi associati al trasporto del sottostante stesso). Come visto, l'interscambiabilità di questi contratti, fa sì che per annullare gli effetti di uno, basta compensarlo stipulando un contratto di segno opposto al primo così da evitare l'eventuale consegna del sottostante a scadenza.

Diversamente da quanto succede nelle azioni, dove per chiudere una posizione lunga si vendono le proprie azioni, una posizione lunga in futures, non si chiude vendendo il future stesso, ma bensì creando una nuova posizione antitetica, che compensi gli effetti del primo contratto in modo da ottenere un cosiddetto gioco a somma zero cioè: tanto entra, tanto esce (il gioco a somma zero si realizza esclusivamente nel caso in cui non ci sono costi di transazione, ma come avremo la possibilità di apprezzare, questi non sono né trascurabili e né di lieve entità, per cui, nella realtà, non si crea un gioco a somma zero, ma comunque otteniamo un gioco che costa poco).

I futures sono contratti il cui regolamento dei pagamenti avviene, come si suole dire, con "operazioni a margine". Il "sistema dei margini", è gestito dalla Cassa di Compensazione e Garanzia, che lo ricordiamo, è quell'elemento di mediazione tra le controparti nei contratti futures. L'operatività in futures avviene così: il sottoscrittore del future (ovvero colui che lo acquista) deve effettuare, per il tramite di un intermediario (definito Clearing Member, cioè un membro della Clearing House o Cassa di Compensazione e Garanzia), il versamento di somme a titolo cauzionale definito proprio "margine di garanzia" o anche "margine iniziale".

Questo margine, è una percentuale del valore del sottostante che ...llare fra il 2% e il 30%, ed è determinata da una ...logia del sottostante e istituto a cui ci si ... da una SIM o da una banca). ... di aspettare ancora un attimo. So che può sembrare noiosa una trattazione di questo tipo, ma senza conoscere come si svolge realmente l'operatività non possiamo pensare di poter agire per il meglio. Quindi per ora è necessario prendere questa medicina affinché non ci siano problemi di comprensione quando andremo a operare realmente nei mercati di questi strumenti. Mi rendo conto che l'argomento di cui sopra è molto complesso e di non immediata comprensione, e quindi potreste essere indotti ad abbandonare il tutto. Non fatelo.

Pensate a quando avete cominciato a guidare: quante volte vi si è spenta l'auto o avete grattato la marcia? È stata dura lo so, ma non avete gettato la spugna, siete andati avanti e ora siete diventati degli abili guidatori. Acquisendo esperienza alla guida, ora riuscite a fare cose che prima ritenevate impensabili, come ascoltare la musica oppure parlare con chi vi sta accanto, il tutto mentre siete ancora alla guida.

Torniamo a noi e vediamo di chiarirci un attimo le idee con un esempio. Sappiamo dalla teoria, che i sottostanti dei futures possono essere molteplici si va infatti dalle materie prime, de anche commodities, dove possiamo incontrare metalli pr petrolio, grano, caffè, cotone. Ci sono però anche attività finanziarie a fare da sottostante (è il caso questo dei financial futures) dove incontriamo: valute (currency future), tassi di interesse (interest rate future), azioni (equity future), indici di borsa (stock index future).

Consideriamo un future scritto sul principale paniere dei titoli italiani il FTSE MIB, che racchiude in sé i 40 principali titoli del nostro mercato. Il future su questo indice ha un valore per tick di 5 €, cioè ogni punto di indice di variazione ha un valore di cinque euro. Il tick in finanza è indicato proprio come il movimento minimo apprezzabile di un indice. Nel periodo in cui vi scrivo, il nostro indice principale quota intorno ai 19.000 punti per un controvalore totale quindi di: 19.000 x 5€ = € 95.000.

Ricordando che i contratti futures sono contratti a margine, per acquistare un future sull'indice FTSE MIB, non dobbiamo versare integralmente i € 95.000 del valore dell'indice, ma sarà sufficiente versare il cosiddetto margine di garanzia che, per questo strumento, è individuato nel 7,5% del valore totale. Quindi volendo acquistare un future di prossima scadenza, dovrei versare non € 95.000, ma solo, si fa per dire, € 7125 come margine iniziale. Siamo dunque entrati in questo investimento acquistando un future, cioè avendo acquistato la consegna di denaro, in caso positivo, alla scadenza del contratto stesso. Il che ci dice che, le nostre aspettative scommettono su un rialzo del valore dell'indice. Infatti noi abbiamo preso una posizione lunga sul future, quindi ci aspettiamo un rialzo.

Il giorno successivo al nostro acquisto siamo fortunati e l'indice ci regala un bel +2%, passando quindi da 19.000 a 19.380 punti. Il delta dell'operazione ha segno positivo e indica +380 punti di indice. Questo differenziale ci dice che il nostro indice è passato da valere € 95.000 a valerne ben € 96.900. In un solo giorno quindi, abbiamo realizzato una performance potenziale di € 1900. Ma di questi € 1900 quanti ce ne spettano? Purtroppo non tutti.

Mi spiego meglio, noi siamo entrati in un mercato dal valore potenziale di € 95.000 con soli € 7125 e in un solo giorno abbiamo portato a casa un guadagno potenziale di ben € 1900. Facendo due conti, un rialzo del 2%, che ha portato l'indice da quota 19.000 a 19.380, a noi ha fatto ottenere una performance di tutto riguardo non del 2% bensì del 26,66%. Sicuramente molti di voi diranno che c'è un errore, ma si sbagliano! Questa è la somma che si può ottenere con il future.

Infatti questo risultato del 26,66%, lo si ottiene dal semplice rapporto di: 1900/7125 = 0.2666666 x 100 = 26.66%

Adesso le strade sono due: o si vende un contratto future simmetrico a quello acquistato coprendo così la posizione, oppure decidiamo di proseguire per almeno un altro giorno e quindi manteniamo in vita la nostra posizione sull'onda del rialzo. Quindi che cosa succede, quando abbiamo deciso di aprire una posizione in future, abbiamo aperto anche un conto dove avvengono tutte le regolazioni giornaliere, in dare e avere, relative al nostro contratto. Questo che cosa significa? Semplicemente che le regolazioni economiche nei contratti future si effettuano a fine giornata. Questa è una condizione imprescindibile, tipica di questa tipologia di contratti. Diversamente da quanto può avvenire con delle semplici azioni, dove il dare/avere avviene solo dopo la nostra manifesta intenzione di vendere, in questi contratti invece la regolazione è automatica e deve essere fatta entro il termine della giornata borsistica. Tornando al nostro esempio dunque, nel nostro conto, al momento dell'apertura della posizione, avevamo versato un margine iniziale pari a € 7125. Al termine della prima giornata di contrattazioni vediamo che c'è un plus di € 1900, ma non sono tutti i nostri.

Perché? Perché, per contratto, la provvista posta a garanzia per effettuare investimenti in future deve essere sempre, all'inizio della giornata successiva di contrattazione, riportata al margine del 7,5% del controvalore totale dell'indice. Cosa sto dicendo, se per acquistare l'indice a 19.000 punti abbiamo dovuto versare un margine di € 7125, per avere una proporzionalità del 7,5%, con un indice che è schizzato a quota 19.380, per mantenere questo rapporto, dobbiamo far sì che nel nostro conto utilizzato per la regolamentazione ci siano € 7267,50. Proviamo ora fare due conti, € 7125 di provvista iniziale, € 1900 di introito potenziale dovuto all'aumento del valore dell'indice, porta ad un totale di € 9025. Dovendo però mantenere il rapporto di cambio fisso al 7,5%, cioè dovendo avere nel conto almeno € 7267,50, io potrò prelevare al massimo € 1757,50. Secondo me, per un solo giorno di contrattazione, non è un risultato da sottovalutare.

Se ci è piaciuto come è stato il primo giorno di contrattazione, decidiamo di mantenere inalterato il nostro investimento e di proseguire nelle contrattazioni. La cassa di compensazione e garanzia ha fatto tutti i conti, il nostro margine è stato aggiornato come lo sono i nuovi parametri e ci prepariamo a vivere un'altra emozionante giornata di rialzo.

Purtroppo, come molto spesso accade, il mercato si disinteressa di quelli che sono i nostri sogni e le nostre aspettative e puntualmente fa quello che vuole. Infatti, oggi il mercato non solo non sale, ma addirittura scende del 2%. Un calo di questo tipo fa sì che, in un solo giorno, ci mangiamo tutto quello che avevamo guadagnato il giorno prima. Non ci credete? Seguitemi e ne avremo la conferma. Nel secondo giorno di contrattazione, siamo partiti da quota 19.380 punti, perdendo il 2% da questa quota, il valore dell'indice a fine giornata si è portato sui valori di 18.992,4. Quindi, cosa sta succedendo? Il controvalore del nostro indice è passato da €96.900 a €94.962, facendoci perdere in conto capitale qualcosa come € 1938 che verranno tolti dalla provvista di € 7267,50 portandoci così ad avere un saldo attivo di € 5329,50. Le brutte notizie però non finiscono qua, perché non dobbiamo mai dimenticare che a fine giornata noi dobbiamo regolare la nostra provvista di garanzia, affinché essa rimanga ad un rapporto di cambio fisso del 7,5%. Il 7,5% di € 94.962 è € 7122,15, ma nel nostro conto ne sono presenti solo € 5329,50. Quindi, non ci resta che effettuare un versamento che ricopra integralmente la nostra posizione debitoria per un totale di € 1792,65.

Come abbiamo visto è facile passare dalle stelle alle stalle investendo in derivati. Dobbiamo essere consci che non solo si possono registrare guadagni interessanti, ma che si possono avere anche perdite molto consistenti e quindi è bene possedere delle disponibilità economiche importanti per poter reggere anche a situazioni negative prolungate.

SEGRETO n. 5: se decidiamo di investire in futures, dobbiamo anche essere in grado di sopportare ingenti perdite e quindi dobbiamo disporre di capitali importanti prima di cominciare.

A conti fatti dunque, l'aver sbagliato la previsione sull'andamento del nostro indice posto a sottostante, ci è costato qualcosa come € 3730,65 in un solo giorno. Anche in una situazione di questo tipo si parla di effetto leva, purtroppo però questa volta, invece di premiarci, ci si è ritorto contro. Può succedere e succederà, preparatevi fin da ora. E se finiscono i soldi della provvista, che cosa succede? In un'eventualità di questo tipo, mio malgrado non rara quanto si pensi, l'intermediario effettua quella che viene chiamata "margin call", cioè un "invito a rigenerare la provvista", dove si informa l'investitore che verrà prelevato dal conto, correlato a quello del margine di garanzia, un quantitativo di denaro tale da ripristinare la corretta provvista.

Nel mondo dei contratti futures su indici azionari, esiste anche la possibilità di investire in una forma "depotenziata" di future, che va sotto il nome di Mini Future. Perché parlo di versione depotenziata, per il fatto che anche se le modalità di negoziazione e i margini sono gli stessi del future comune, il prezzo per ogni punto di indice del mini future non è di € 5 ma bensì di € 1. Quindi, al costo di un contratto future, ne acquistiamo cinque di mini future, certi del fatto che i meccanismi che li regolano sono sempre gli stessi, cambia semplicemente l'esposizione per l'investitore. Prendendo l'esempio precedente, per entrare su un indice che quotava 19.000 punti ci occorrevano la bellezza di € 7125, mentre se avessimo utilizzato un contratto mini future per entrarvi, avremmo dovuto sborsare solo € 1425. Come vedete gli effetti sono gli stessi, ma ad un costo più contenuto. A mio parere, per i neofiti, è più appropriato cominciare con i mini futures piuttosto che con i futures, considerando il fatto che ci facciamo male solo al 20% rispetto ad un contratto future normale.

SEGRETO n. 6: per familiarizzare con gli strumenti derivati è bene sempre partire con contratti semplici e poco dispendiosi. Se si inizia dai futures è bene prediligere i contratti mini futures si guadagna (e impara) lo stesso, spendendo di meno.

Come abbiamo visto, i futures hanno dei mesi di consegna prefissati contrattualmente che sono: marzo, giugno, settembre e dicembre di ogni anno e devono essere quotati tutti e quattro contemporaneamente. È da notare come, più la data di consegna del future è lontana, maggiore è la differenza di prezzo tra quello del future e il prezzo spot dell'attività sottostante. Al momento dell'approssimarsi del periodo di consegna, i due prezzi tenderanno a coincidere per evitare possibilità di arbitraggio. Volendo fare un esempio esplicativo per sottolineare, come ho detto poc'anzi, le scarse possibilità di arbitraggio vi sottopongo questa situazione.

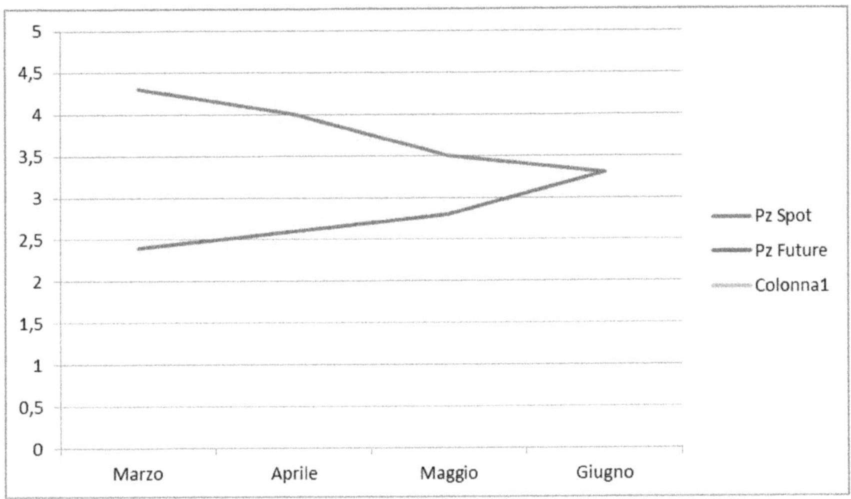

Supponiamo, per ipotesi, che il prezzo future sia maggiore del prezzo spot nel periodo strettamente antecedente la consegna. In questa circostanza, un investitore in future opererebbe come segue: prima di tutto venderebbe un contratto future e al contempo acquisterebbe il sottostante del contratto future stesso.

Perché farebbe questo? Semplicemente per il fatto che, il giorno della consegna, i due prezzi devono essere uguali e quindi, se si verificasse questa asimmetria dove il prezzo future è maggiore del prezzo spot, il valore del future dovrebbe scendere e quindi, assumendo una posizione corta, questa mi garantirebbe guadagni. In più, acquistando il sottostante, si trarrebbe beneficio da un rialzo del prezzo dello stesso per effetto della convergenza.

È chiaro che vale anche il viceversa, cioè quando si ha che il prezzo del future è inferiore al prezzo spot. In questa circostanza il modus operandi più corretto sarà dunque: acquistare il future e vendere contestualmente il sottostante. I meccanismi che regolano questa operazione, sono identici a quelli descritti poco sopra. Il profitto da arbitraggio, deriva sostanzialmente dal differenziale di prezzo del future e del sottostante.

Escludendo la possibilità di arbitraggi, l'evoluzione del prezzo del future e del sottostante, all'inizio del periodo di contrattazione può divergere anche di molto, ma con l'approssimarsi della data di scadenza assistiamo ad un'evoluzione naturale del prezzo del future che lo porta a collimare perfettamente con il prezzo, e quindi con il valore, del sottostante (prezzo spot). Questa divergenza di valori, che poi piano piano si assottiglia, non è solo frutto degli interscambi fra venditori e compratori di futures, ma esistono dei fattori ben specifici che influenzano il prezzo di questo derivato.

Essendo legato da un cordone ombelicale, il future trae il suo nutrimento dal valore dell'attività sottostante, cioè dal suo andamento. Gli elementi che influiscono maggiormente sul valore del sottostante, influiscono, di riflesso, anche sul valore del future. Gli elementi che maggiormente concorrono alla determinazione del prezzo e alle oscillazioni dello stesso sono, in ordine di influenza:

1. **Valore del sottostante**. Indipendentemente da quale sia l'attività posta come base del future, questa è l'elemento che più influisce nella determinazione delle oscillazioni del prezzo del future; nel caso di sottostanti come azioni o indici, sappiamo che al crescere del valore del sottostante crescerà anche il prezzo del future (se il sottostante fosse un tasso di interesse al crescere del tasso di diminuire il valore del future).
2. **Tempo alla consegna**. Come abbiamo visto in precedenza,

più alto è il numero di giorni che ci separa dalla scadenza naturale del contratto, più alto sarà il prezzo del future; ricordo che il giorno di scadenza non è mai fisso ma cade sempre il terzo venerdì del mese previsto per la consegna in un intervallo compreso tra il 15 e il 21 del mese considerato.

3. **Tasso di interesse**. Esiste una positiva correlazione fra prezzo del future e variazione del tasso di interesse, fate attenzione al fatto che i grafici dei futures sui tassi di interesse sono invertiti rispetto alle altre attività finanziarie, quindi come riportato sopra, quando i tassi salgono i prezzi dei futures scendono e viceversa.
4. **Dividendi**. Come sappiamo i dividendi sono quegli extra rendimenti che vengono rilasciati agli azionisti durante la vita utile del titolo, per il fatto che non seguono un andamento regolare e che talvolta possono anche non essere staccati, i dividendi sono gli elementi di minor impatto sul prezzo del future; è da precisare il fatto che questa influenza, anche se ridotta, si ripercuote solo su quei derivati che hanno come sottostante azioni o panieri di azioni che staccano dividendo, in generale, maggiori sono i dividendi distribuiti minore sarà il prezzo del future; questo perché, quando si stacca il dividendo, la

azioni subiscono una variazione negativa pari al valore del dividendo staccato e di conseguenza il prezzo scende. Una cosa da notare, che non è del tutto trascurabile, è il fatto che al momento in cui i tassi di interesse risultano essere minori dei dividendi (come nel momento che stiamo vivendo) il prezzo del future sarà inferiore rispetto a quello del sottostante.

SEGRETO n. 7: il prezzo di un contratto future è sempre il risultato dell'azione sinergica di più elementi quali: prezzo del sottostante, tempo residuo alla scadenza, tasso di interesse e dividendo. In forma sintetica: Pz Future = f (Pz sott; gg; tdi; div).

La speculazione

Come abbiamo visto nelle pagine precedenti, la speculazione attraverso i contratti futures avviene semplicemente effettuando delle previsioni su quello che sarà l'andamento del valore del sottostante e approntando una strategia coerente che ne ricalchi l'andamento. Dobbiamo solo seguire il trend e sfruttare al massimo quello che è l'effetto leva relativo a questi strumenti.

Ricordiamoci che l'effetto leva è la caratteristica principale dei contratti derivati e ha la funzione precipua di amplificare gli effetti sui guadagni e, purtroppo, anche sulle perdite. Tutto questo dipende dal fatto che, mentre l'investimento richiesto per operare in future è una frazione del controvalore del sottostante, i guadagni e, di conseguenza anche le perdite, sono calcolati invece sul valore del sottostante stesso (riprendete pure l'esempio precedente per fare mente locale).

L'effetto leva è dato proprio dal rapporto tra il margine iniziale versato e il controvalore dell'attività sottostante. Lo speculatore quindi è quel soggetto che, attraverso l'assunzione di una posizione in contratti futures, sfrutta il fatto di poter acquistare diritti su una determinata attività, con costi di transazione ridotti, e bassi investimenti, in relazione al quantitativo di sottostante su cui si può, ipoteticamente, mettere le mani. Nella letteratura e nella pratica quotidiana, esistono varie metodologie di trading che sono:

- **Position Trading**. Questa tipologia di operatività è quasi a esclusivo appannaggio degli operatori medio-grandi e grandi, in forza del fatto dell'essere in grado di assumere posizioni su finestre temporali molto ristrette, questo perché, per operare in questa modalità, si necessita di una notevole quantità di capitali non tanto per quello che riguarda i margini iniziali da versare, ma piuttosto perché si devono sopportare anche forti oscillazioni e quindi la provvista potrebbe dover essere integrata più volte, anche con ingenti capitali.

- **Day Trading**. Più adatta ai nostri scopi, questa tipologia di compravendita è tipica dell'investitore retail. Nel day trading è presente un orizzonte temporale di investimento riconducibile alla settimana, cioè le posizioni che abbiamo oggi verranno chiuse al più entro 5-7 giorni di apertura borsistica. Anche se la posizione è rivista con cadenza settimanale, il problema di questa metodologia operativa è relativa alla difficile prevedibilità in riguardo all'andamento del sottostante. Questa comporta delle continue revisioni, che presuppongono un sensibile aumento delle commissioni da pagare.
- **Intraday trading**. La negoziazione infra giornaliera, è riservata a coloro che hanno una elevata confidenza e conoscenza con gli strumenti in questione. Il grosso limite di questa tipologia di operatività, non sta tanto nell'esperienza o nella competenza da acquisire, ma quanto nel tempo che gli va dedicato. Quando si parla di intraday trading, è logico associare il

concetto di elevati volumi di operazioni, decine o anche centinaia in base anche a quanti strumenti si trattano contemporaneamente. Quindi, se si è deciso di fare il trader di professione, ben venga questo tipo di operatività che, in talune circostanze, può sfociare anche nel fenomeno dello scalping.

Lo scalping di cui sopra, per chi non lo sapesse, è un tipo di attività fortemente speculativa che ha un orizzonte temporale di pochi minuti. Avete letto bene, pochi minuti. Lo scalper è un operatore feroce, il cui obiettivo consiste nel realizzare profitti da oscillazioni del livello di prezzo con movimenti che si producono nel giro di secondi. Le oscillazioni di cui si nutre questo operatore, non sono causate dalle variazioni offerte dalla sensibilità del future alle notizie societarie o macroeconomiche rilasciate con cadenze precise, ma bensì da altri rumors di borsa. Lo scalper, se vuole sopravvivere in questo stressante mondo, dovrà operare in maniera frenetica eseguendo operazioni di segno contrario a quelle aperte in precedenza nel giro di pochi battiti di ciglia. Come vedrete la speculazione porta con sé dei costi economici, anche alti talvolta, ma lo speculatore, troppo spesso, paga anche un elevato costo emotivo e psicologico. I derivati sono amanti esigenti, se vengono usati per speculare.

Le coperture

Cosa diametralmente opposta a quella della speculazione, è proprio il fenomeno relativo alla copertura effettuata con i contratti futures. La funzione di hedgihg offerta dal futures, si pone in essere nel momento in cui si decide di prendere una posizione, lunga o corta che sia, sul sottostante, il future stesso. Infatti, non ha senso coprirsi da un rischio che non può verificarsi. Mi spiego meglio. Se acquistassimo delle azioni, quale sarebbe la motivazione che ci spinge a farlo? Esatto! Quella di realizzare un guadagno dalla vendita delle azioni stesse, ad un prezzo superiore rispetto a quello che abbiamo pagato per acquistarle, senza trascurare l'eventualità anche di dividendi inattesi. Ma qual è il rischio di aver assunto una posizione di questo tipo? Qual è il rischio che si corre maggiormente dopo l'acquisto di azioni? Ancora esatto: quello che il prezzo delle nostre azioni, invece che salire, scenda. Quindi, quando si effettua una copertura, lo scopo principale è quello di annullare le perdite potenziali, tentando di portare a casa un risultato comunque positivo.

Nella letteratura accademica si parla spesso di “copertura perfetta”, che è una particolare condizione per la quale vengono eliminati completamente tutti i rischi. Queste coperture sono estremamente rare. Per la nostra operatività ci accontenteremmo di eseguire coperture che riescono a disinnescare potenziali bombe impreviste.

Coperture corte e coperture lunghe

Le coperture corte, dette anche Short Hedge, si realizzano nel momento in cui, detenendo il sottostante, vogliamo coprirci circa un eventuale ribasso del prezzo del sottostante stesso. Per effettuare una strategia di questo tipo, l'investitore dovrebbe vendere un contratto future sul sottostante così che: la perdita sul valore del sottostante, viene compensata dall'aumento di valore sullo short future; la perdita sul valore dello short future, viene compensata dall'aumento del valore del sottostante.

SEGRETO n. 8: la copertura corta si ritiene opportuna quando il detentore del sottostante propende per una vendita del sottostante in un secondo momento.

La copertura lunga, o Long Hedge, si effettua quando siamo in presenza delle cosiddette posizioni ribassiste. Pensate un attimo alla vendita allo scoperto di azioni. Questo tipo di situazione si realizza nel momento in cui, non possedendo le azioni stesse, le vendiamo lucrando su una loro probabile discesa di prezzo. Oggi come oggi, le vendite allo scoperto su strumenti finanziari sono fortemente scoraggiate e riservate quasi esclusivamente agli investitori qualificati (cioè soggetti con cospicui capitali o soggetti giuridici quali appunto: banche, SIM, fondi sovrani ecc.) vuoi per la delicatezza dell'operazione, ma anche in considerazione della trance minima di attività finanziaria oggetto di questa tipologia di operazioni (circa € 500.000).

Per le sue peculiarità e per le ripercussioni nel mondo finanziario, le vendite allo scoperto sono state vietate per un certo periodo di tempo nelle principali borse del mondo. Questa condizione si è ritenuta necessaria perché, in momenti di forte crisi finanziaria, quando le discese sono vertiginose, si possono fare grandi speculazioni senza rischiare praticamente nulla, neanche i titoli oggetto della compravendita in quanto sono dati in prestito. Tornando alla nostra trattazione, le coperture lunghe sono usate nella compensazione di posizioni scoperte, ricordando che si è coscienti di dover riacquistare in futuro il sottostante, volendo bloccare però oggi il prezzo.

A volte la consegna del sottostante può essere anche molto costosa, basti pensare alla consegna fisica di merci quali: oro, argento, petrolio ecc. e quindi, nel computo totale della nostra operazione, dovremo tener conto anche delle spese sostenute per il ritiro e trasporto delle merci oggetto della transazione. Spesso e volentieri, infatti, per piccoli ordini, i costi superano i benefici e quindi occorre fare molto bene i conti prima di rimetterci un bel mucchio di soldi. Esiste anche un altro problema non trascurabile, che è quello dell'eccesso di copertura. Questa situazione si prefigura quando la quantità di sottostante è inferiore a quella presente nel contratto future. Il numero ideale di contratti future che l'hedger dovrebbe detenere, è frutto di una semplicissima formula:

$$N.O.F. = (K \times ATT)/F \quad (1)$$

Dove: N.O.F. sta indicare il Numero Ottimale di contratti di Futures; ATT indica la quantità di posizione da coprire; F indica invece la dimensione del contratto future utilizzato per la copertura (cioè da quanti contratti è costituita una posizione future); K sta ad indicare invece il cosiddetto rapporto di copertura ottimale che si ottiene attraverso un altro calcolo:

$$K = \rho \text{ x } (\sigma_{sott} / \sigma_{fut})$$

Dove: ρ(rho) rappresenta quello che in statistica va sotto il nome di coefficiente di correlazione lineare, che in questo caso, è quello tra la variazione del prezzo spot e quello del prezzo future; σ sott., rappresenta la deviazione standard della variazione del prezzo spot; σ fut., è invece la deviazione standard del prezzo future.

Lo so, può apparire molto complicato. Non stiamo parlando di cose immediatamente comprensibili, però vi assicuro che basta solo un po' di pratica e tutto si aggiusta immediatamente. Un ulteriore passo avanti, deve essere fatto in riguardo alla questione che il controvalore del sottostante si modifica quotidianamente e che quindi i rapporti di copertura possono variare con questa frequenza. Per far fronte a questo tipo di situazione, che negli ambienti della finanza è conosciuto come “talling the edge”, la formula (1) si modifica nel seguente modo:

N.O.F = K x (Vatt / Vfut) (2)

Dove con: Vatt, indichiamo la posizione espressa in euro dell'attività da coprire; Vfut è invece il valore in euro del sottostante il future; il resto rimane inalterato come nella formula precedente. Facciamo un esempio così fissiamo un po' di più i concetti. Supponiamo che una compagnia petrolifera debba acquistare 10 milioni di barili di petrolio tra due mesi e che ogni barile di petrolio costa € 100 (ovvero questo è il prezzo spot), mentre il prezzo di ogni future è fissato invece a € 105. Sapendo che ogni contratto future copre 52000 barili e che il nostro coefficiente di copertura ottimale K sia pari a 0,87, quale sarà il rapporto di copertura ottimale? Dalla (2):

N.O.F = 0.87 x [(10000000 x 100) / (52000 x 105)]

A conti fatti, per coprire la nostra posizione occorre acquistare 183.15 contratti futures. Non potendo essere frazionata, dovremo acquistare 183 contratti futures in totale. Veniamo ora ai casi più comuni di operatività in futures, quelli cioè riguardanti gli indici azionari e i portafogli azionari in genere. La domanda che potrebbe ora sorgere è: perché ci si dovrebbe coprire con un indice quando è difficile e costoso ricrearlo in proprio? Le ragioni che ci spingono a fare questo passo possono essere essenzialmente tre: la prima riguarda l'acquisto di ETF (Exchange Trading Fund) sull'indice che ci interessa; la seconda quella di avere nel nostro paniere di titoli una replicazione fedele, sia per tipologia che per quantità, dell'indice; la terza e ultima riguarda il fatto che i titoli per i quali sono presenti contratti futures, sono un'esigua minoranza e quindi potrebbe capitare di avere un portafoglio titoli per cui non esiste nessun contratto future.

Il terzo caso è forse quello più interessante, in quanto ci permette di analizzare i cosiddetti "Cross Hedging" ovvero le coperture incrociate. Finora abbiamo utilizzato la copertura nel caso in cui il sottostante, il future coincidesse con la stessa attività da coprire. Nella realtà, le eventualità sopra citate, sono un'esigua minoranza. Il cross hedging, che si realizza proprio quando l'attività sottostante al future e quella da coprire sono diverse, è una pratica più che consueta. Vi faccio un esempio, pensate alle compagnie aeree che spendono milioni e milioni di euro in costi di carburante. Sappiamo tutti che il cherosene è un derivato del petrolio, ma ha un mercato a sé stante. Attualmente, nelle borse, non sono trattati contratti derivati sui sottoprodotti del petrolio, quindi non ci sono futures sulla benzina, sul diesel o sul cherosene. Quindi una compagnia aerea che volesse coprirsi da eventuali oscillazioni non previste sul costo del carburante, dovrà effettuare un Cross Hedging utilizzando come strumento derivato contratti futures scritti sul petrolio.

Senza andare troppo lontano, basta pensare ad una situazione in cui abbiamo un paniere di titoli in portafoglio per i quali non esiste nessuna tipologia di contratto derivato scritto specificatamente su questi titoli, ma che avendo questi titoli una forte correlazione con l'andamento del principale mercato di riferimento pur non facendone parte, è lecito effettuare una copertura incrociata utilizzando come strumento di copertura contratti futures scritti sull'indice.

RIEPILOGO DEL CAPITOLO 2:

- SEGRETO n. 4: Per chiudere una posizione in future non si deve eseguire un'operazione di segno inverso, ma accendere una posizione complementare che annulli gli effetti della prima.
- SEGRETO n. 5: Se si decide di investire in futures, dobbiamo anche essere in grado di sopportare ingenti perdite e quindi dobbiamo disporre di capitali importanti prima di cominciare.
- SEGRETO n. 6: Per familiarizzare con gli strumenti derivati è bene sempre partire con contratti i più tranquilli possibili; se si inizia dai futures è bene prediligere i contratti mini futures. Si guadagna lo stesso spendendo di meno.
- SEGRETO n. 7: Il prezzo di un contratto future è sempre il risultato dell'azione sinergica di più elementi quali: prezzo del sottostante, tempo residuo alla scadenza, tasso di interesse e dividendo. In forma sintetica: Pz Future = f(Pz sott; gg; tdi; div)
- SEGRETO n. 8: La copertura corta si ritiene opportuna quando il detentore del sottostante propende per una vendita del sottostante in un secondo momento.

CAPITOLO 3

Come si investe utilizzando le opzioni

Questo è forse il capitolo più dinamico e ricco di tutto l'intero manuale. Ricordando la definizione preliminarmente data nell'introduzione, noi sappiamo che le opzioni sono: una tipologia di contratto con il quale il detentore, dietro il pagamento di un premio iniziale, acquista la facoltà (e non l'obbligo) di comprare o vendere entro (o ad una) data certa, l'attività oggetto del contratto (underlying), ad un prezzo stabilito al momento della sottoscrizione del contratto (definito Strike Price). Se si decide di vendere o di acquistare il sottostante, si dice che l'investitore sta esercitando l'opzione.

SEGRETO n. 9: la differenza tra futures e opzioni sta nel fatto che, mentre i futures prevedono di adempiere obbligatoriamente al contratto, le opzioni conferiscono al detentore la facoltà di adempiere.

Come avveniva nei contratti futures, anche nelle opzioni i sottostanti possono essere molteplici, abbiamo infatti: dai singoli titoli azionari a veri è propri panieri di titoli, da tassi di interesse a obbligazioni, fino ad arrivare alle materie prime.

Tentiamo inizialmente di formarci un glossario che ci consenta una maggiore fruibilità delle pagine seguenti. Esistono due tipologie fondamentali di opzioni che sono: opzioni Call e opzioni Put. L'opzione call conferisce al possessore, il diritto di comprare a un prezzo determinato, ed entro una data specifica, un determinato quantitativo di attività sottostante.

L'opzione put, parimenti, da al compratore il diritto di vendere, entro una certa data e ad un prezzo prestabilito, una determinata quantità di sottostante. Fermiamoci un attimo ad analizzare le parti che hanno in comune queste due grandi famiglie. Partiamo dalla data entro cui le due tipologie di opzioni possono essere esercitate. Questo termine temporale va sotto il nome di "maturity date" (per l'appunto data di scadenza) anche conosciuta come expiration date (data di estinzione), che decreta in maniera insindacabile il termine della facoltà di esercizio dell'opzione stessa. La data, come avveniva per i futures, non è casuale ma è ben precisa, le opzioni scadono tutte il terzo venerdì del mese.

Le opzioni che sono quotate hanno scadenze che variano da un mese ad un anno e sono quotate tutte contemporaneamente e a prezzi differenti. Infatti, il prezzo stabilito al momento della sottoscrizione del contratto, indica quale sarà il livello al quale si potrà vendere o acquistare il sottostante: questo è chiamato prezzo di esercizio (noto anche come exercice price o strike price). Per acquistare un'opzione, cioè un vero e proprio diritto, devo versare il cosiddetto premio che non rappresenta altro che il prezzo dell'opzione stessa. Un'ulteriore distinzione che si può fare fra le opzioni, in relazione proprio alle modalità di esercizio, ci porta a distinguerle in: opzioni americane ed opzioni europee. Le prime, consentono al detentore della facoltà di esercizio in qualunque momento prima della data di scadenza. Le seconde invece, possono essere esercitate dal possessore solo alla data di scadenza del contratto. Dopo tutta questa teoria, vediamo assieme un esempio che ci da la possibilità di fissare un attimo i concetti sopra visti. Supponiamo che un investitore acquisti due opzioni call europee su di un titolo con scadenza tre mesi. Questo contratto consente all'investitore, di acquistare 1000 azioni (il sottostante), 500 per ogni opzione, ad un prezzo di € 60 (prezzo di esercizio) alla scadenza dei tre mesi. Immaginiamo che ogni opzione abbia un costo di € 35 e il valore attuale di ogni azione sia di € 50 (stock price). Che cosa ha fatto il nostro investitore? Semplicemente ha acquistato per € 70 (perché le opzioni erano due) il diritto fra tre mesi di acquistare 1000 azioni al prezzo di € 60 ciascuna. Cioè ha bloccato oggi con € 70, un controvalore possibile di € 60.000 in azioni fra tre mesi!

Ma insomma, come si guadagna con le opzioni? Ok avete ragione, arrivò al dunque. L'acquirente tipo di opzioni call si attende e se lo augura fortemente, che il valore del sottostante aumenti e aumenti tanto (contrariamente all'investitore di opzioni put, il quale si attende una discesa anche molto importante del valore sottostante). Quindi, tornando all'esempio precedente, che cosa si deve aspettare il nostro investitore? Tre scenari possibili che chiunque di noi decida di investire in opzioni, potrebbe un giorno ritrovarsi davanti.

Il primo prevede che il titolo non raggiunga mai il prezzo obiettivo di € 60. Non importa quanto ci arrivi vicino, cioè non ci interessa se il titolo il giorno della scadenza quota € 59,90 oppure quota € 49. Per tutti coloro che acquistano una call, il fatto di non raggiungere e superare lo strike significa non poter esercitare l'opzione e dunque aver perso il premio versato, cioè € 70. In questa situazione, quando cioè il titolo non raggiunge il valore del prezzo di esercizio prefissato, si dice che la nostra opzione è finita *out of the money* e quindi abbiamo perso il premio versato.

Una situazione analoga la viviamo nel secondo caso, dove il titolo, il giorno della scadenza, quota esattamente € 60. Come nel caso precedente, anche qui l'opzione non viene esercitata perché non c'è convenienza. Il titolo vale quanto l'avrei dovuto pagare esercitando e quindi, non avremmo comunque la possibilità di trarne giovamento. Quindi non esercitando l'opzione, perdiamo nuovamente i nostri soldi. Questa situazione è nota con il termine *at the money*. Il terzo caso infine, noto con il termine *in the money*, si prefigura quando il valore del nostro sottostante ha superato il valore dello strike. Ad esempio supponiamo che il giorno di scadenza della nostra opzione, le azioni poste a sottostante quotino € 67 cada uno. A questo punto diventa conveniente esercitare l'opzione, perché avendo acquistato la facoltà di comprare 1000 titoli a € 60 ognuno, se questi titoli valgono invece € 67 ognuno, noi pagheremo € 60.000 portandomene a casa € 67.000. Questo ci porta nella condizione di avere un profitto di € 7 per ogni azione detenuta. Adesso che cosa facciamo? Semplice, esercitiamo l'opzione, acquistando 1000 azioni per € 60, che poi andremo immediatamente a vendere sul mercato ad un costo di € 67 ciascuna. È chiaro il concetto?! Ricapitolando dunque, tre mesi prima il nostro acquirente tipo ha acquistato per € 70 il diritto di comprare 1000 azioni a € 60. Alla scadenza il titolo quotava € 67, che però noi non abbiamo pagato quindi, a conti fatti, il nostro investitore tipo si porta a casa in un solo giorno, la bellezza di € 7000 di guadagno lordo. Perché dico lordo, ma perché intanto dobbiamo togliere i € 70 per l'acquisto dell'opzione, e poi andranno tolti tutti quei costi occulti che vanno sotto il nome di: capital gain, commissioni sull'acquisto, commissioni sulla vendita, costo del deposito titoli e via dicendo. Ho volutamente trascurato tutti questi costi, in quanto non sono tutti fissi, e poi non rientrano negli obiettivi di questo manuale. Ricordatevi però che se deciderete di aprire il vostro conto derivati, prestate molta attenzione a quanto ammontano questi costi. Considerando allora solo il costo dei diritti di opzione, il nostro investitore si porta a casa ben € 6930. Una performance di tutto rispetto.

SEGRETO n. 10: le opzioni al momento dell'esercizio possono essere: *out of the money*, *at the money* o *in the money*. Solo una su tre ci porta un beneficio economico.

Un passo indietro. Le opzioni americane, danno qualche possibilità in più rispetto alle opzioni europee ecco perché risultano molto più diffuse le prime rispetto alle seconde. Dal punto di vista degli esempi, per evitare eccessive complicazioni, ma senza perdere di generalità, noi utilizzeremo sempre le opzioni di tipo europeo prevedendo così un'unica data possibile di scadenza, ma per il resto rimane tutto uguale.

C'è una cosa che non vi ho ancora detto, non è infatti sempre necessario esercitare l'opzione, in quanto esiste la facoltà di compravendita anche dei soli diritti. Come vedremo più avanti, il prezzo di un'opzione è influenzato da diversi parametri, e quindi ha la possibilità di creare un mercato completamente svincolato dagli altri.

Proprietà

I fattori che influenzano il prezzo delle opzioni sono:

- il valore del sottostante;
- il tempo residuo alla scadenza;
- i tassi di interesse;
- la possibilità che ha il sottostante di conferire dividendi;
- lo strike price;
- la volatilità.

Come si può prevedere, più la data di scadenza è lontana dal giorno dell'acquisto, più il prezzo dell'opzione aumenta in quanto, dal momento della sottoscrizione a quella della scadenza può succedere di tutto, sia in positivo che in negativo. Al contempo però, sei il prezzo di esercizio è molto distante dal valore attuale del sottostante, il prezzo dell'opzione sarà considerevolmente basso, per il fatto che per finire in the money, il mio investimento deve fare tanta strada.

Questi sei elementi base che influiscono nella determinazione del prezzo delle opzioni non fanno differenza fra americane o europee. Cerchiamo un attimo di approfondire come le variazioni di questi parametri si ripercuotono sul prezzo delle opzioni, per semplicità vedremo gli effetti sulle opzioni scritte su azioni, che sono anche quelle più complete e diffuse.

Il prezzo del sottostante, è forse il fattore più importante a incidere sul valore dell'opzione stessa. Come sappiamo bene, il valore delle calls cresce al crescere del prezzo del sottostante, mentre quello delle puts si muove esattamente all'opposto. Ad esempio, sappiamo che il valore di un'opzione esercitata è dato dal: Vopz = |PA-PE| (3)

Pari proprio, al valore assoluto della differenza tra il prezzo di acquisto ed il prezzo di esercizio. Il prezzo di esercizio poi, influisce nella stessa maniera sia nelle calls che nelle puts. Nel senso che, più il prezzo del sottostante è distante dal prezzo di esercizio, tanto più il prezzo dell'opzione è basso. La vita residua scadenza è un altro elemento molto importante nella determinazione del prezzo dell'opzione.

Ad esempio le opzioni americane valgono di più rispetto a quelle europee perché, mano a mano che ci si allontana dalla data di scadenza, aumentano le possibilità di esercitare anticipatamente l'opzione. So che può sembrare poco intuitiva questa condizione, ma facciamo un esempio: consideriamo due opzioni call americane scritte sullo stesso titolo, ma con date di scadenza differenti. Chi possiede l'opzione con vita residua maggiore, possiede tutte le possibilità di esercizio anticipato di colui che a quelle con scadenza ravvicinata, in più ha però anche altre possibilità offerte dall'avere più tempo a disposizione per poter esercitare l'opzione. La volatilità, è un altro parametro molto importante. Per chi fosse un po' digiuno di statistica, con il termine volatilità si intende la cosiddetta deviazione standard (σ, “sigma” è la lettera greca utilizzata in statistica per indicare questo operatore) del rendimento, a capitalizzazione continua, calcolato in un anno. Dunque, con il termine volatilità si intende l'incertezza sul valore futuro del prezzo di un'attività finanziaria. Ora, essendo in presenza di elementi molto volatili (come ad esempio azioni, indici azionari o commodities per i quali è lecito prevedere un range di valori di σ che oscilla tra il 15% e il 60%) non possiamo assolutamente trascurare le ripercussioni che questo elemento può avere sui nostri investimenti. Più la volatilità è alta più esistono probabilità, non trascurabili che la performance fatta registrare dal sottostante sia ottima, ma anche molto poco gratificante (le oscillazioni che vengono misurate, sono sia positive che negative).

Il possessore di una call, trae vantaggio dalle oscillazioni verso l'alto e, al contempo, ha un *down side risk* contenuto, in quanto può perdere al massimo il premio versato. Quando si parla di down side risk, intendiamo quella svalutazione che il prezzo di un'attività finanziaria può registrare, in conseguenza dell'andamento negativo di fattori economici, capaci di alterarne la valutazione. Quanto visto per le calls, vale anche per le puts. In conclusione quindi, il valore delle opzioni cresce al crescere della volatilità del sottostante, questo perché si hanno più probabilità di andare in the money o addirittura deep in the money.

Gli ultimi due parametri che influenzano il prezzo delle opzioni, ma solo in maniera circoscritta sono: i dividendi, ovvero quell'extra guadagno che alcune azioni possono offrire ai possessori e il tasso di interesse di mercato. I dividendi, quando vengono staccati, fanno diminuire il prezzo dell'azione di un valore pari all'entità del dividendo stesso. Questo è un bene per i possessori di opzioni di tipo puts, ma è un male per chi invece possiede delle calls. L'unica relazione che si può avere con i dividendi è che essa è negativa per i rialzisti, ma positiva per i ribassisti.

L'ultimo elemento, cioè il tasso di interesse di mercato, è forse quello più fumoso in riguardo agli effetti sul valore delle opzioni. Quando parliamo di tasso di interesse, ci riferiamo al cosiddetto tasso di interesse privo di rischio (ovvero quello relativo ad investimenti ritenuti più che sicuri). Oggi come oggi, il tasso risk free è una mera astrazione economica, in quanto i titoli assolutamente privi di rischi non esistono (basta guardare l'indice kilovar che, al minimo, può essere 1, cioè non ci sono rendimenti certi in assoluto). Esistono però titoli che hanno una bassissima probabilità di fallimento (pensate ad esempio ai Bund tedeschi, sui quali vengono parametrati tutti i differenziali di rendimento, meglio conosciuti come "spread", dei titoli dell'area euro), ai quali possiamo attribuire il ruolo di titoli privi di rischio. Aumentando il tasso di interesse privo di rischio, questo fa aumentare i tassi di crescita attesi per i sottostanti che ne sono più o meno influenzati. Questo però fa sì che se i tassi di interesse privi di rischio aumentano, diminuiranno di conseguenza i flussi di cassa attesi e questo, a sua volta, farà sì che le opzioni di tipo puts perderanno di valore, mentre le calls lo aumenteranno.

Tornando all'esempio precedente, il contratto aveva una durata di tre mesi e una distanza di € 10 da colmare per poter cominciare a guadagnare. Se voi pensate che abbiamo pagato € 35 per un probabile controvalore di 30.000, capite che i conti tornano. Se avessimo potuto monitorare quotidianamente l'andamento del prezzo del diritto di opzione, ci saremmo accorti che, man mano che la scadenza si avvicinava e il valore del sottostante aumentava dirigendosi verso il valore di strike, anche il valore dei nostri diritti di opzione sarebbe aumentato di conseguenza. In una situazione del genere non sarebbe stato impossibile vedere salire, e anche di molto, questo valore stimabile ipoteticamente in circa € 700 ciascuno. Se non avessimo voluto attendere la scadenza, oppure se non avessimo avuto i € 60.000 per esercitarla, avremmo potuto comunque guadagnare in conseguenza dell'aumento del prezzo del diritto. Infatti avremmo pagato € 70 per le due opzioni call, che al momento della vendita valevano invece € 1400, ricavando un buon € 1330 di positività solo per la vendita delle opzioni. Mi rendo conto che esiste una sostanziale differenza fra € 6930 dovuti all'esercizio e € 1330 dovuti alla sola vendita delle opzioni, ma vi chiedo anche di ragionare sul fatto che queste due eventualità sono state realizzate spendendo solo € 70. Le cifre che vi ho indicato in questo esempio, sono molto semplici ma rispecchiano fedelmente la realtà. Vi invito quindi ad andare su siti specializzati, e anche su quotidiani del settore, per vedere come si evolve il prezzo di contratti di opzione, man mano che ci si approssima alla data di scadenza. Vi consiglio anche di valutare gli estremi di queste situazioni che sono il: deep out of the money dove l'opzione ha un valore praticamente nullo e deep in the money quando cioè siamo profondamente immersi nella liquidità.

Posizioni con call e put

Come abbiamo detto poco fa, l'acquirente di una call è un soggetto rialzista ovvero si augura che il prezzo del sottostante aumenti. Viceversa, colui che acquista una put è un ribassista puro e si augura pertanto che il valore del sottostante scenda. Detto questo, è però necessario, per completezza, parlare anche di quali sono le posizioni relative che un investitore può acquisire in riguardo a questi contratti. Come accadeva per i contratti futures, anche per le opzioni possiamo avere posizioni lunghe e corte. Anche qui ci avvarremo dell'ausilio di alcuni grafici per comprendere meglio cosa significa accendere una posizione long o short su questi strumenti. Nei grafici sarà riportato il cosiddetto pay-off cioè questa linea dei guadagni delle perdite conseguibili con l'investimento in strumenti derivati.

Noi ora, per esigenze di snellezza del manuale, vedremo il caso in cui il sottostante delle nostre opzioni è rappresentato da azioni, indici o anche da materie prime, per omogeneità della trattazione. Come nel caso dei futures, se il sottostante è un tasso di interesse le cose sono da considerarsi invertite. Chi accende una posizione long call, ha una struttura del grafico (offerto da Borsa Italiana s.p.a.) del pay-off di questo tipo:

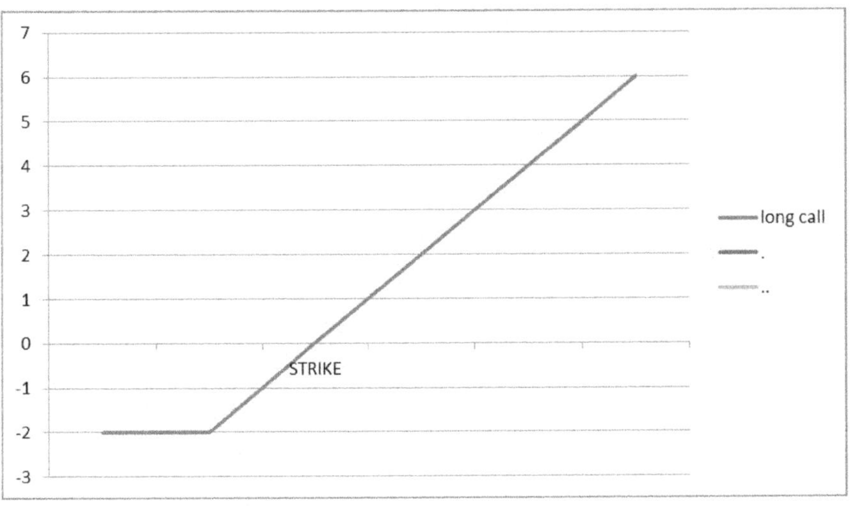

Come potete apprezzare, finché il prezzo del sottostante rimane al di sotto dello strike, cioè quando siamo out of the money, la perdita che registriamo è pari al premio versato per l'acquisto del diritto di opzione. Si comincia a guadagnare, solo dopo un aumento del valore del sottostante sopra i livelli del prezzo di esercizio. Come vedete dal grafico, una volta che i profitti salgono, non incontrano limiti! Questo sta a significare che, a fronte di una perdita contenuta e determinata, abbiamo fra le mani qualcosa che ci potrebbe fornire guadagni potenzialmente illimitati. Da che cosa dipende però l'andamento di questi guadagni? Come abbiamo detto nel paragrafo precedente, il prezzo di un'opzione è influenzato a vario titolo, da diversi elementi. Vediamo in sintesi quali sono questi elementi, e che tipo di influenza hanno sul prezzo della call.

Pz CALL = f (Sott +; SP -; Div -;t +; σ +; tdi +) (4)

Cosa sono tutti questi simboli? Significano semplicemente che il prezzo di una call è funzione del valore del sottostante, al quale è legato in maniera positiva ovvero se sale il prezzo del sottostante sale di conseguenza anche il prezzo della call; prezzo di esercizio, al quale è legato negativamente, cioè se il prezzo di esercizio è molto lontano rispetto ai valori attuali del prezzo del sottostante, la nostra opzione avrà un prezzo basso; i dividendi influenzano negativamente il valore dell'opzione perché, come sappiamo dal meccanismo che regolava i futures, al momento che un'azione stacca il dividendo il suo prezzo si abbassa e quindi questo abbassamento influisce negativamente sulla nostra call; il tempo, secondo cui più sono i giorni rimanenti alla scadenza, più costerà la nostra opzione; la deviazione standard, ossia l'oscillazione all'interno di un certo range i prezzi che più è pronunciata meglio è, perché ci può permettere di finire profondamente in the money; il tasso di interesse, che anche in questo caso è quello che influisce in maniera più contenuta. Accendendo una posizione

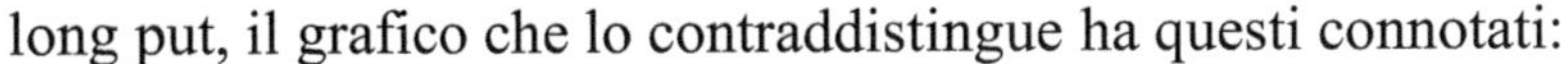

long put, il grafico che lo contraddistingue ha questi connotati:

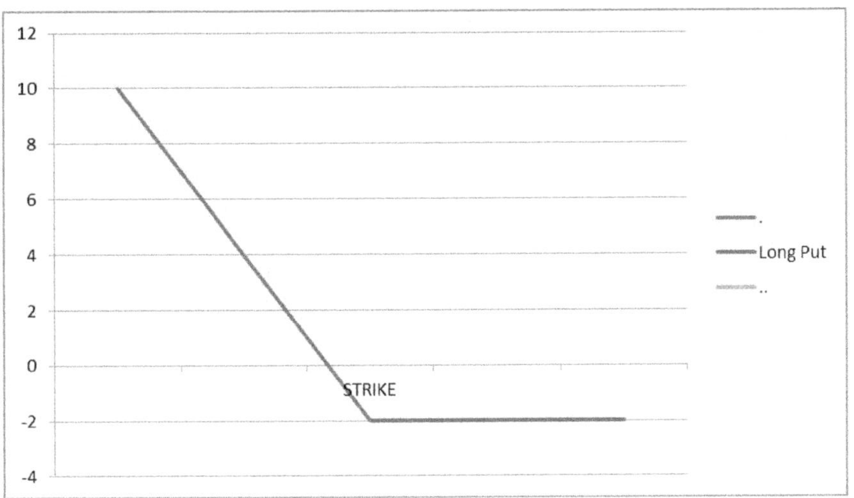

Come vedete l'investitore in put, vede realizzare profitti con la discesa del valore del sottostante. Più questo scende, più interessanti saranno i guadagni che ne scaturiranno. Ad una più attenta analisi del grafico, si intuisce come il livello di guadagno massimo che si può realizzare con una posizione di questo tipo, lo si raggiunge quando il valore del sottostante (asse delle x) è pari a 0 €. Avete capito bene. Se il titolo fallisce, cioè siamo in presenza di default, noi riusciamo a portarci a casa degli straordinari guadagni.

SEGRETO n. 11: con le opzioni si possono realizzare guadagni anche quando gli strumenti tradizionali falliscono, generando perdite a bocca di barile per gli investitori tradizionali.

Come succedeva per le call, anche le put sono influenzate dagli stessi parametri delle prime, solo con alcuni distinguo.

Pz PUT = f (Sott -; SP +; Div +; t +; σ +; tdi +) (5)

Spiegando la formula sopra ci accorgiamo che, nel caso delle opzioni put, il prezzo è funzione di tutti gli elementi che avevamo incontrato nelle call, ma con risultati spesso differenti. Mentre per quello che riguarda il prezzo di esercizio, i giorni residui alla scadenza, la deviazione standard e il tasso di interesse, l'opzione put si comporta come la call, nel caso del valore del sottostante e del dividendo, si comporta in maniera diametralmente opposta. Infatti, quando il prezzo del sottostante scende, il prezzo della put aumenta essendo correlata negativamente. Come dicevamo qualche pagina fa, l'acquirente di questa tipologia di opzioni scommette sul ribasso del valore del sottostante.

Per quello che concerne il dividendo, siamo sempre in linea con queste aspettative, memori del fatto che, allo stacco del dividendo, il prezzo dell'azione diminuisce del pari importo, in linea quindi, con le nostre aspettative di ribassisti. Come esistono le posizioni di long, esistono anche le posizioni short. Le short call, hanno il diagramma del pay-off strutturato come segue:

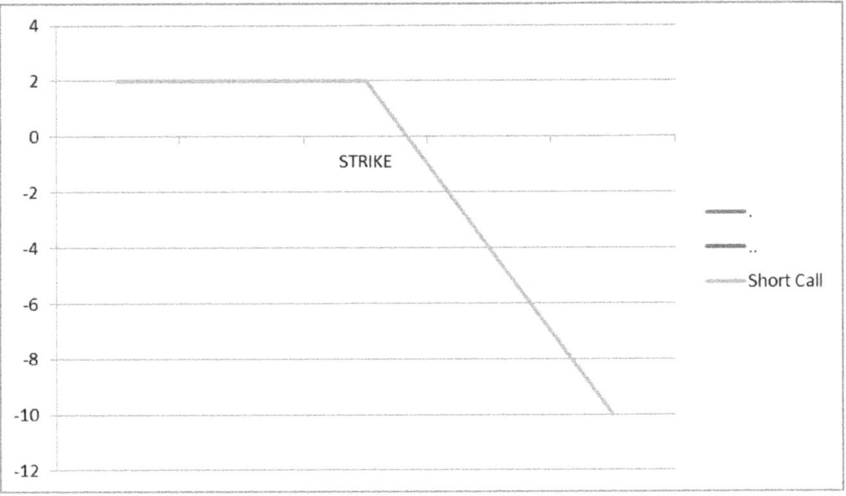

Chi vende una call non è un soggetto rialzista, ma non è neanche un ribassista puro. Se lo fosse, avrebbe sicuramente maggiore convenienza ad acquistare direttamente una long put piuttosto che una short call. Dal grafico si può notare come questa posizione limiti i guadagni, ma non le perdite. Infatti, mentre il guadagno è appunto limitato al solo premio ricevuto dalla vendita del diritto di opzione, non ci sono teoricamente limiti alle perdite. Ma allora perché si fanno cose di questo tipo se i rischi potenziali superano di gran lunga i guadagni reali? È presto detto. L'investitore tipo nelle short call, è un soggetto che si attende una sostanziale stabilità del prezzo del sottostante. Il suo guadagno a scadenza sarà appunto pari al premio, essendo la call a quel momento out of the money. Allo stesso modo un investitore in short put, si attende una stabilità del prezzo con una moderata tendenza però al rialzo. Come avveniva nel caso precedente, l'unico guadagno che si può avere è il differenziale fra ricavo dalla vendita e prezzo di acquisto del diritto di opzione. Al contrario della short call però, che prevedeva potenziali perdite illimitate, la short put prevede un limite di perdite che coincide con il livello di intersezione riscontrabile proprio nel prezzo di default del sottostante.

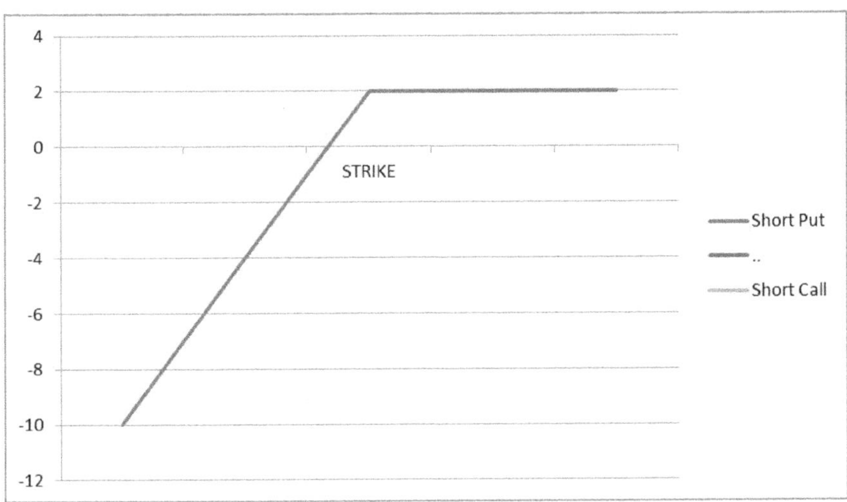

Strategie operative

Come accadeva quando parlavamo dei contratti futures, anche per le opzioni possiamo parlare di utilizzi speculativi, ma anche di coperture del rischio. Le azioni però al contrario dei futures, ci offrono la possibilità di combinare gli effetti delle quattro tipologie di posizioni assumibili: long call, long put, short call e short put.

Il loro utilizzo permette risultati anche in momenti molto delicati per l'economia tradizionale. Come vedrete fra poco, gli ideatori di queste strategie, si sono sbizzarriti molto con i nomi attribuiti alle loro creature. Vi chiedo di fare uno sforzo di fantasia, come quando si cerca di immaginare la forma delle costellazioni o quando ci chiedono di guardare le macchie di Rorschach, per fare esperimenti di psicometria e psicodiagnostica, e non riusciamo mai a vedere quello che ha visto il creatore. La cosa più importante è che vi concentriate su quelle che sono le motivazioni che ci spingeranno a scegliere una strategia piuttosto che un'altra. La cosa forse più interessante delle strategie che andremo ad analizzare, è che queste possono essere contemporaneamente speculative e difensive. Questo è un elemento di forte novità rispetto alle strategie viste con i contratti futures. Esistono infatti specifiche modalità operative atte a consentire lo svilupparsi, in contemporanea, di tutte e due le situazioni.

Mi preme fare alcune assunzioni preliminari, visto l'enorme ventaglio di probabili strumenti finanziari a disposizione, come sottostante delle opzioni, noi stringeremo il campo alle sole azioni anche perché il modus operandi relativo a questa tipologia di opzioni è applicabile anche alla più parte delle attività sottostanti. Inoltre, per semplificare i calcoli da effettuare, non prenderemo in considerazione fenomeni inflazionistici per la valutazione del valore del denaro nel tempo. Quindi noi non attualizzeremo il valore dei nostri soldi, anche perché la variazione dell'indice dei prezzi al consumo avviene con cadenze tali (da 3 a 12 mesi) da non rivestire un ruolo di primissimo ordine nelle nostre attività. In più ricordiamoci che, più tempo intercorre fra la data di acquisto e quella di scadenza, più soldi costerà la nostra opzione. Quindi è bene non andare eccessivamente lunghi quando si parla di strategie con i derivati.

SEGRETO n. 12: mai andare eccessivamente lunghi con le scadenze dei contratti derivati, a meno che non ci sia alla base un'innegabile vantaggio economico, perché altrimenti buona parte del beneficio monetario si perderebbe con i premi versati.

Le strategie con opzioni che vedremo, prevedono l'assunzione di due o più posizioni su opzioni della stessa natura: due o più calls, due o più puts e anche strategie miste.

Strategie di tipo Spreads

La strategia spread più diffusa è sicuramente la così detta "bull spread" cioè uno spread al rialzo. Questa condizione si crea effettuando contemporaneamente sullo stesso titolo e alla stessa scadenza l'acquisto di una call con un prezzo di esercizio e la vendita di una call ad un prezzo di esercizio più alto del precedente.

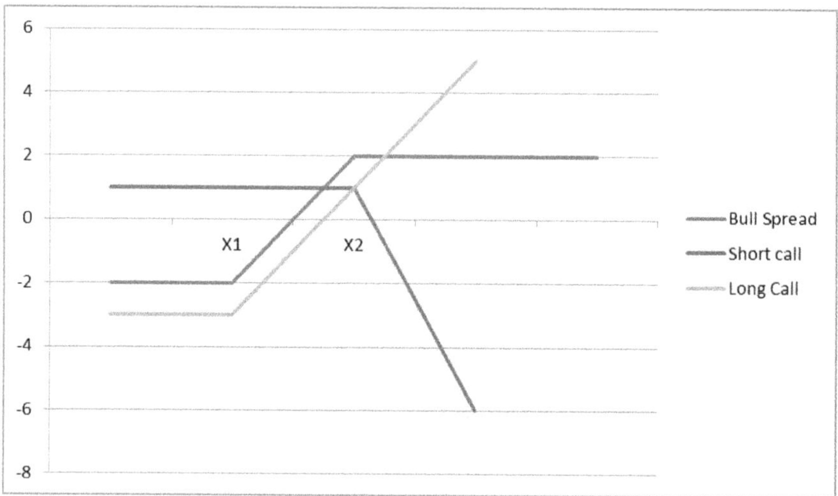

La linea rossa e quella verde, indicano le singole strategie associate alle calls. La linea blu invece, ci indica il profitto (pay-off) associato alla combinazione dei due effetti. Come sappiamo, il prezzo di una call diminuisce all'aumentare della distanza tra il prezzo attuale e il prezzo di esercizio e quindi, il valore dell'opzione che viene venduta, è sempre minore del valore dell'opzione comprata. In conclusione uno spread rialzista, creato attraverso l'ausilio delle calls prevede un investimento iniziale. Detto: X1 il prezzo di esercizio della call acquistata, X2 invece il prezzo di esercizio della call venduta, SP lo strike price a scadenza dell'opzione, vediamo un po' che succede in questa strategia. Da quello che possiamo vedere dal grafico, possiamo avere tre casi. Il primo si ha quando il prezzo dell'azione, al momento della scadenza, risulta essere inferiore rispetto al prezzo di esercizio più basso (cioè quello della call acquistata) determinando così un nulla di fatto, cioè la nostra strategia non è andata in porto perché non c'è stato rialzo e quindi abbiamo perso l'investimento iniziale. Abbiamo cioè ottenuto un risultato negativo.

La seconda ipotesi prevede invece che, se il valore del sottostante è compreso tra i due prezzi di esercizio, il risultato finale della nostra operazione sarà pari per l'appunto a SP – X1. La terza ipotesi, quella che tutti ci auguriamo di sperimentare, si prefigura quando il prezzo dell'azione sottostante risulta essere maggiore del prezzo di esercizio più alto. In questa situazione il guadagno derivante dall'aver adottato questa tipologia di strategia, è dato proprio dalla differenza dei due prezzi di esercizio, cioè X2 – X1.

Da quello che si evince sia dal grafico e dal commento dello stesso, è che la strategia di tipo bull spread ha un effetto limitato sia sulle perdite che sui guadagni (in gergo tecnico questa evenienza, al pari del precedente downside risk, va sotto il nome di upside risk cioè il rischio di una limitazione dei guadagni). Il tutto si traduce affermando che: un investitore che decide di intraprendere una bull spread, acquista una call con X1, facendo questo, rinuncia a parte dei possibili profitti derivanti dalla vendita di una call con X2 > X1, ricevendo però un guadagno offerto dal premio incassato dalla sopraddetta vendita.

Nelle bull spread, si possono distinguere tre casi possibili:

1. Tutte e due le calls sono out of the money, questa è forse la strategia più aggressiva perché le due opzioni costano poco e il loro valore finale dato da X2-X1, è difficile che sia molto alto.
2. Una call è out of the money, mentre l'altra è in the money, questa è una strategia con livello di rischiosità intermedio; per ottenere un guadagno iniziale un po' più sostenuto è bene vendere l'opzione in the money.
3. Tutte e due le opzioni sono in the money, questa è

la strategia meno rischiosa, ma anche la più costosa essendo tutte e due le opzioni già in zona guadagno al momento dell' acquisto.

Le bull spreads, anche se può sembrare strano, possono essere costruite anche con l'utilizzo di opzioni puts. In questo caso, la strategia va costruita investendo in una long put con prezzo di esercizio basso e in una short put con prezzo di esercizio altro. Anche questa è una strategia rialzista ma, diversamente dalle bull spread fatte con le calls, prevedono sì un incasso immediato dovuto alla vendita della put, ma, nella migliore delle ipotesi il risultato finale potrà essere nullo. Mentre nella peggiore delle ipotesi addirittura negativo.

Spread ribassisti o Bear Spread

Prima di parlare di questa tipologia di strategie operative, voglio fare un po' di toponomastica sul discorso bull e bear, cioè toro e orso. In gergo borsistico, questi due animali si usano per definire un mercato rialzista, nel caso del toro, o ribassista nel caso dell'orso. Ma perché? L'arcano è presto svelato. Un bull market (mercato toro), cioè un mercato rialzista, si chiama così proprio perché il toro, quando da la cornata, esegue un movimento dal basso verso l'alto proprio come accade quando i prezzi salgono. Mentre l'orso, bear market, quando da la sua zampata, colpisce sempre dall'alto verso il basso.

Dopo questa piccola parentesi ritorniamo alle nostre strategie. La strategia ribassista è posta in essere da colui che ritiene che il prezzo del sottostante possa scendere. Questa strategia si crea acquistando una put con prezzo di esercizio X1 e vendendo contemporaneamente un'altra put con X2 > X1. Bene inteso, rimangono le condizioni che abbiamo visto per lo spread rialzista, cioè il fatto che le opzioni sono scritte sulla stessa azione e con la medesima data di scadenza, altrimenti le cose non funzionano.

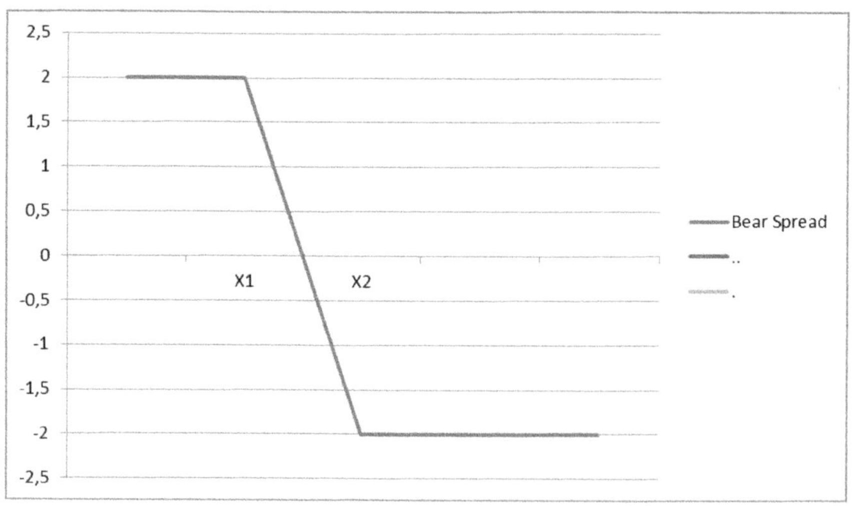

Come evidenziato dal grafico, anche qui vengono limitati sia i guadagni che le perdite, proprio come avveniva nelle bull spread. Le strategie bear spread, si possono creare anche con l'ausilio delle calls, acquistandone una con un prezzo di esercizio X2 alto e vendendo l'altra con un prezzo di esercizio X1 basso, tale che X1 < X2. Qui però, a differenza di quanto accadeva per le bull spread, le strategie ribassiste prevedono **solo** l'incasso iniziale dovuto alla differenza tra prezzo di vendita al prezzo di acquisto. Prestate bene attenzione a questi due importanti valori, non dimenticando mai i costi commissionali, perché altrimenti rischiate di avere delle brutte sorprese. Potreste essere convinti di aver posto in essere una strategia fruttuosa, ma invece si rivela dannosa per le vostre finanze.

Box Spred

Questo tipo di spread fonde in sé gli effetti di una bull spread fatta con le calls e di una bear spread fatta con le puts usando gli stessi prezzi di esercizio. È da precisare che questa strategia funziona solo se siamo in presenza di opzioni di tipo europeo. Non provate a porre in essere questo schema utilizzando opzioni americane trattandole come se fossero europee, perché rischiereste di perdere molto denaro. Ho voluto menzionare questa strategia, perché era molto usata dai grandi trader, ma oggi, con l'enorme diffusione delle opzioni americane, è andato un po' fuori moda.

Butterfly Spread

Come accadeva per gli spread rialzisti e ribassisti, gli spread a farfalla si costruiscono sia con le calls che con le puts. Utilizzando le calls, questa strategia si appronta comperando contemporaneamente: una call con un prezzo di esercizio X1 basso, una call con prezzo di esercizio X3 alto e vendendo due calls con prezzo di esercizio X2 compreso tra i primi due. La scelta del valore di X2 è importantissima perché, dalla scelta corretta di questo prezzo di esercizio dipende il successo o il fallimento della nostra strategia. Perché la butterfly possa dare i frutti sperati, dobbiamo scegliere X2 il più possibile vicino al prezzo attuale del sottostante.

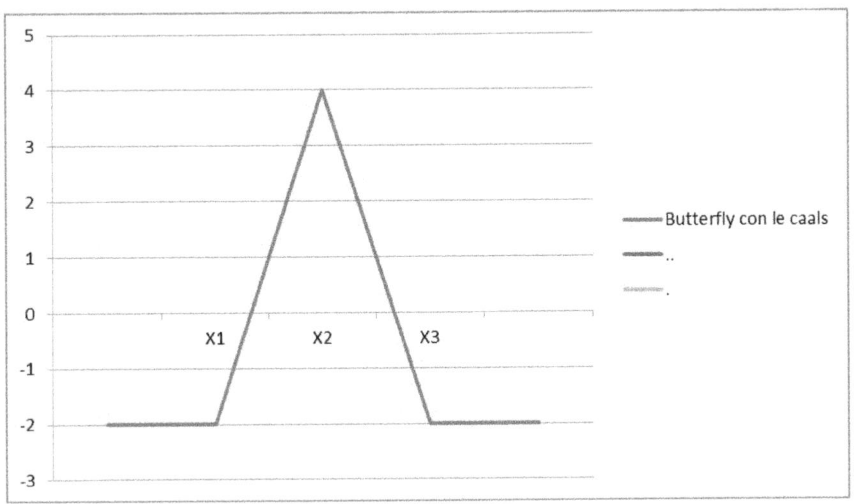

Gli spread a farfalla (lo riconosco, ci vuole una grande fantasia per vederci una farfalla) sono ottimi se l'investitore ritiene che il prezzo dell'azione rimanga praticamente immutato al livello di X2. Se però si dovessero registrare variazioni che portassero il prezzo più indietro del livello X1 o oltre il livello X3, allora si potrebbero registrare anche ingenti perdite.

Si possono costruire spread a farfalla anche utilizzando le puts: comprandone una con X1 ed un'altra con X3, poi contemporaneamente venderne due con X2 intermedio cioè X1<X2<X3.

Questa tipologia di strategia, non solo può essere acquistata, ma può anche essere venduta. Basta semplicemente invertire le operazioni che abbiamo fatto in precedenza. Questa situazione però ci fornirà solo modici profitti nel caso in cui si abbiano consistenti variazioni del valore del sottostante sotto X1 o sopra X3. Come potete capire è esattamente la strategia complementare dell'originale.

È da notare che, se usassimo solo opzioni europee la strategia ottenuta con le calls o con le puts sarebbe esattamente la stessa.

Calendar Spread

Guadagni molto simili a quelli che si possono conseguire con le strategie butterfly, si possono realizzare con le calendar spread. A differenza delle strategie precedenti, dove tutte le opzioni erano caratterizzate dall'avere la medesima data di scadenza, nelle calendar si usano sì opzioni scritte sullo stesso titolo con identici prezzi di esercizio, ma con scadenze differenti. Ecco perché si parla di strategia calendario, rimarcandone la differenza in relazione proprio alle date.

Le calendario si possono ottenere sia con le calls che con le puts. Con le prime, la strategia si concretizza: vendendo una call con un certo prezzo di esercizio ed acquistando un'altra call con lo stesso prezzo di esercizio ma con una scadenza decisamente più lunga rispetto alla prima. Ricordando l'influenza che la distanza temporale dalla data di acquisto a quella di scadenza ha nella determinazione del prezzo delle opzioni, le calendar prevedono un esborso iniziale non trascurabile.

Come spesso accade, la medesima strategia si ottiene utilizzandole puts. Anche qui, come succedeva nella strategia applicata con le calls, si vende la put corta e si compra la put lunga.

I risultati che si ottengono con le calendar rialziste, o ribassiste, sono i medesimi. Si comprende come si può porre in essere questo tipo di strategia, solo quando si prevede un andamento del prezzo del sottostante sostanzialmente stabile. Se il prezzo decadesse molto, la strategia diventerebbe completamente fallimentare anche se riusciremo a contenere i danni.

Esistono tre tipologie fondamentali di calendar spread:

- Rialziste, quando si sceglie un prezzo di esercizio più alto rispetto a quello attuale del sottostante;
- Neutrali, quando il prezzo di esercizio è molto prossimo

al prezzo del sottostante;

- Ribassiste, quando il prezzo di esercizio è molto più basso dell'attuale valore del sottostante.

Come nelle butterfly, possiamo avere strategie di tipo inverso dove: si acquista l'opzione con scadenza più vicina e si vende quella con scadenza più lontana.

Combination Strategies

Quelle analizzate fino ad ora, sono strategie dette "omogenee", ovvero realizzate sempre usando solo calls o solo puts. Adesso vediamo cosa succede se si combinano gli effetti di tutte e due le tipologie, sempre scritte sullo stesso sottostante.

Straddles

E' forse la più comune in assoluto, si crea acquistando, in contemporanea, una call ed una put con lo stesso prezzo di esercizio e la stessa data di scadenza.

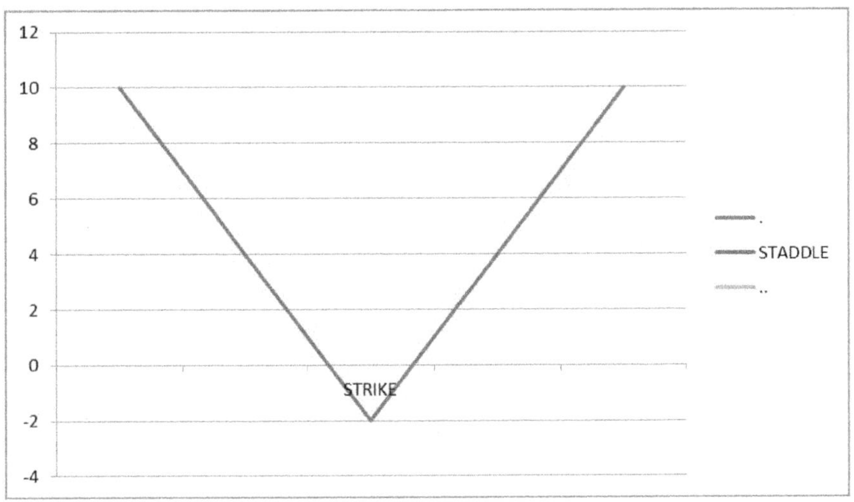

Come si può apprezzare dal grafico, la straddle si pone in essere quando il comportamento del sottostante diventa imprevedibile, cioè diventa adirezionale. Per guadagnare con questa strategia, basta che il titolo subisca variazioni molto importanti, non importa se positive o negative. Se il prezzo del sottostante rimane invariato, l'investitore subirà una perdita pari al premio versato per l'acquisto delle due opzioni.

La straddle vista ora, va sotto il nome di bottom straddle o anche straddle purchase. È possibile anche realizzare la strategia inversa, cioè la complementare, vendendo una call e una put scritta sullo stesso titolo con lo stesso prezzo di esercizio e con la stessa data di scadenza.

Attenzione! Quest'ultima strategia porta con sé i segni di una potenziale perdita illimitata a fronte di un guadagno fortemente contenuto. La straddle è un'ottima strategia quando si è in presenza dei cosiddetti jumps adirezionali, a patto che le nostre aspettative siano contrarie alla più parte degli investitori, altrimenti i prezzi delle azioni come sappiamo incorporano già le aspettative del mercato.

Strangles

Per chi ha familiarità con la biochimica, il grafico del pay-off di questa strategia ricorda molto la configurazione a barca dell'anello benzenico. Nota anche come "bottom vertical combination", la strangle si ottiene comprando una call e una put sullo stesso titolo con la stessa data di scadenza ma con diversi prezzi di esercizio, nello specifico PEc > PEp. Riguardando un attimo il grafico delle straddles, ci accorgiamo che ci sono molti aspetti che fanno somigliare queste due strategie. È bene però rimarcare il fatto che nelle strangles, il movimento fra i due prezzi di esercizio è molto più ampio di quello presente nelle straddles. E anche vero però che se il prezzo rimane nel raggio dei valori previsto, le strategie strangles perdono molto meno delle equivalenti straddles.

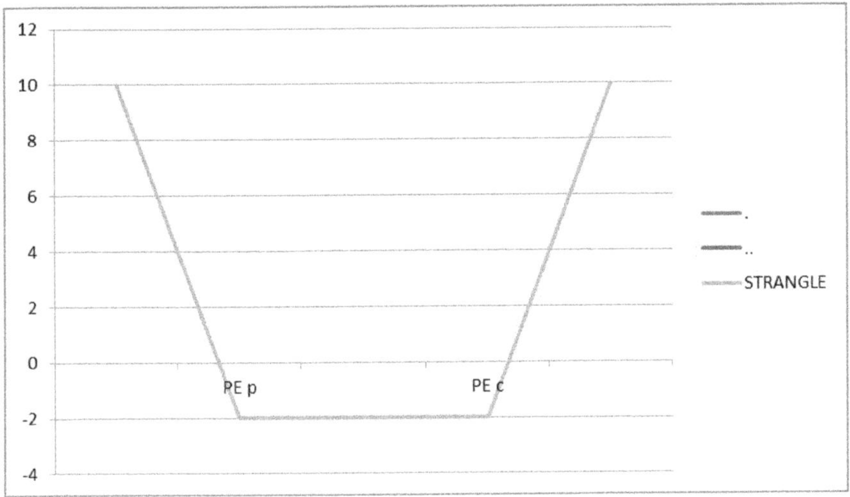

Nelle strangles, profitti e perdite sono da relazionare tutti alla scelta dei prezzi di esercizio delle opzioni. Più questi prezzi sono distanti fra loro, e loro dal prezzo attuale del sottostante, minore sarà la perdita, ma si abbasseranno contestualmente anche le possibilità di profitto.

Come accadeva per le straddles, anche nelle strangles esiste la forma inversa conosciuta come “top vertical combination”, che, a fronte di un risicato guadagno potenziale, offre possibilità di perdite illimitate. Occhio!

Strips e Straps

Queste strategie non hanno a che fare con il velcro. Sono trattate assieme perché, come vedremo, si somigliano molto. Gli strips, si formano dall'azione combinata dell'acquisto di una call e due puts scritte sullo stesso titolo, con lo stesso prezzo di esercizio e con le stesse date di scadenza. Questa strategia, è posta in essere da quell'investitore che ritiene più probabile ribassi che non rialzi del titolo sottostante. Similarmente gli straps, si ottengono acquistando due call ed una put, con le stesse caratteristiche viste negli strips. Qui è chiaro che l'investitore propende più per un rialzo, che non per un ribasso del valore del sottostante.

Covered option

Finora, le strategie trattate non richiedevano all'investitore di possedere anche il sottostante. Se ricordate infatti, noi nella spiegazione delle strategie abbiamo fatto riferimento solo ad operazioni con opzioni, mai a strategie miste. Ora invece, vediamo come poter usare le opzioni anche in associazione sinergica con altri strumenti del mercato finanziario. Ci focalizzeremo anche in questo caso sulle azioni, principalmente per il livello di diffusione e poi anche per esigenze di sintesi. Per semplicità, considereremo che il sottostante delle opzioni sia costituito da un solo titolo, per avere un rapporto di copertura di 1:1. Mi preme sottolineare però, che queste strategie, possono essere comodamente esportate anche usando altre attività finanziarie. Vedremo in sequenza quattro casi tipici di portafogli che ogni investitore può, ma deve anche, avere.

Nel primo caso in esame, valuteremo la strategia più classica in assoluto che si può incontrare nel connubio azioni-opzioni. Il nostro portafoglio sarà infatti composto da una azione lunga ed ha una opzione put lunga anch'essa. Definita *buying a protective put*, cioè acquisto di una put difensiva, questa strategia viene posta in essere dall'investitore che si attende un rialzo del prezzo del titolo, ma, attraverso l'acquisto della put, si copre da eventuali ribassi inattesi. Questa dovrebbe essere, e sottolineo **dovrebbe**, la strategia tipica di ogni investitore in azioni che si rispetti, perché è vero che acquistando le azioni lo facciamo nella speranza che queste crescano di valore, ma se questo non succede, che cosa facciamo? Aspettiamo che si riprendano, magari dopo un tonfo delle -30%? Oppure, utilizzando la strategia del trader, mettendo uno stop loss (cioè un limite inferiore alle perdite) vendendo in automatico il nostro lotto di azioni concretizzando una perdita pari al livello sostenibile? Oppure è meglio fornire un floor (cioè un supporto con un prezzo minimo) per le azioni detenute dandoci la possibilità di guadagnare sia esercitando la put, consegnando il sottostante al pezzo scritto nella stessa, sia vendendone il diritto riducendo, ed in qualche caso addirittura finire in positivo, la perdita associata alla svalutazione del titolo.

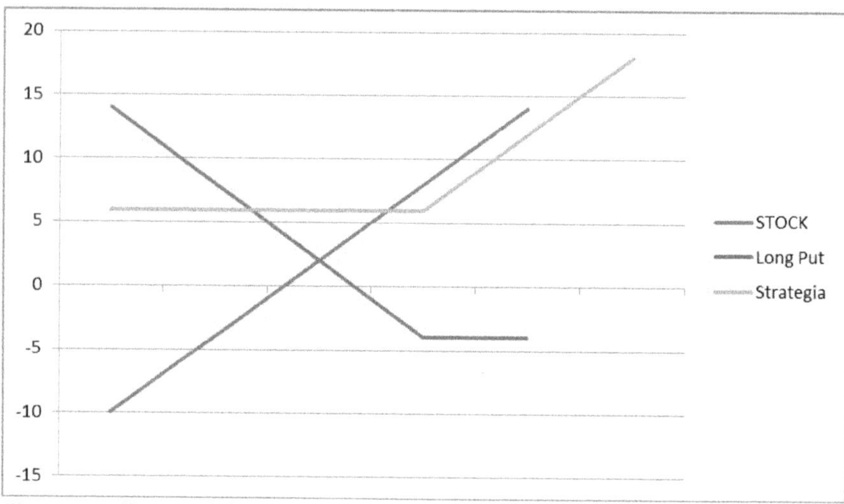

Come vediamo dal grafico, la put ci permette di tagliare le perdite a livello del premio pagato conferendoci, contemporaneamente, la possibilità di un guadagno illimitato dovuto al possesso delle azioni. La cosa da tenere bene a mente è la scelta del livello di strike price. Ricordando che il prezzo della put sale con l'aumentare della scadenza e con la vicinanza del prezzo di esercizio al livello del sottostante, è bene partire da un livello sotto il valore di acquisto. Il Break Event Point per la nostra strategia è pari a:

BEP= PzAz- Pzp

Covered call

Questa strategia consiste in una posizione lunga su azioni, la quale copre una posizione corta su call. Questa " copertura", protegge l'investitore da un forte rialzo del prezzo dell'azione. Voi mi direte: ma perché devo limitare i guadagni? La risposta è: perché non ce li aspettiamo! Con questa strategia, noi incassiamo un premio immediato dato dalla vendita della call che ci permette: uno, di abbassare il costo medio di acquisto di ogni azione fornendoci questo rendimento ulteriore; due, fornisce una moderata protezione da un'eventuale e contenuto ribasso.

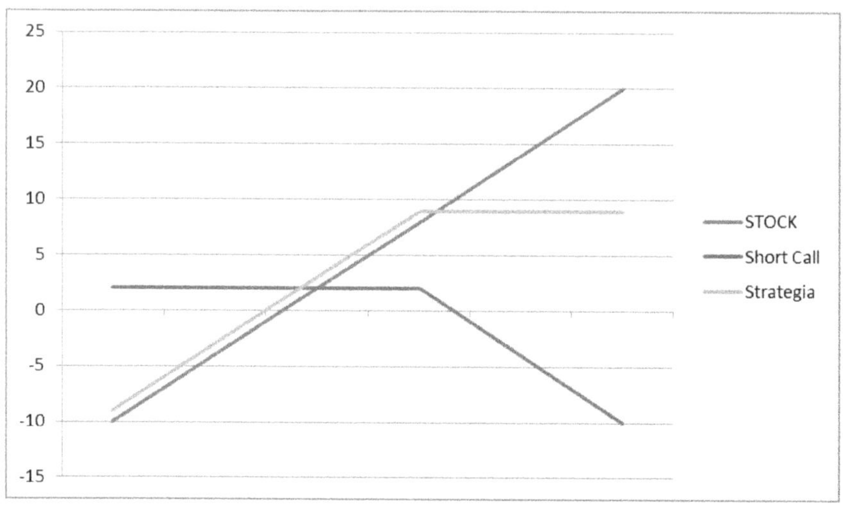

Come vedete dalla figura, la perdita massima in cui possiamo incappare, è data dall'azzeramento del valore dell'azione. C'è di buono, in questa strategia, che, per lo meno, le perdite non sono illimitate. Per massimizzare i profitti derivanti dalla covered call, sarebbe bene scegliere un'opzione che si trova out of the money, piuttosto che in the money, perché il tutto ci costerà meno. Mi rendo conto che così facendo limitiamo, e non di poco i guadagni, anche se è comunque possibile (attenti però all'alta possibilità di consegna dei titoli a scadenza) lucrare un sostanzioso interesse.

Covered put

Si implementa usando una put corta abbinata ad una posizione corta in titoli. Questa è una strategia molto delicata e potenzialmente catastrofica, perché non viene posto un limite alle potenziali perdite. Questa strategia è per specialisti veri. Questo perché, per ottenere il massimo beneficio, dovrebbe essere chiusa nel giro di una notte sì, perché il guadagno che ne deriva, viene incassato subito. Poi però ricordiamoci che dobbiamo chiudere tutte e due le posizioni e quindi il guadagno è offerto dal differenziale di questi due eventi. Ma perché prima ho detto che sarebbe bene chiudere il tutto nel giro di notte? Perché questa strategia, tipica degli investitori istituzionali, è fatta per recuperare liquidità da impiegare in strumenti al tasso "over night". Questo tasso, è quello al quale le banche si prestano liquidità da un giorno all'altro.

Syntetic long put

Questa ultima strategia, è particolarmente interessante perché combina gli effetti di una posizione lunga su una call e di una posizione scoperta in titoli. Lo schema che se ne ricava, è identico a quello ottenuto con una long put. Non è molto utilizzata come strategia, a causa della posizione scoperta in azioni. Il break event point è fissato da:

BEV = PV- Premio

Le strategie di tipo synthetic, sono veramente interessanti, perché permettono di combinare gli effetti delle opzioni per ricavare andamenti tipici di altri strumenti finanziari. Vi faccio un esempio che a me piace molto, quello della synthetic long stock future. Questa strategia è ottenuta componendo due posizioni in opzioni, una long call ed una short put, ottenendo esattamente una posizione long future sui titoli azionari. Essenzialmente, è come se acquistassimo delle azioni. Dal grafico, infatti si evince che i guadagni sono potenzialmente illimitati, proprio come accade quando si acquista un'azione. La perdita massima registrabile invece, è quella associata al default dell'azione stessa. Fino a qui non ci sono differenze tra questa strategia e il detenere azioni, ma non finisce qui. Esiste infatti un ulteriore vantaggio a quello relativo al fatto che, chi investe, non dovrà sborsare quanto avrebbe dovuto fare investendo direttamente in azioni. Questa strategia alla fine, costa molto meno di un acquisto diretto di azioni. Allora perché non acquistano tutti questo tipo di strategia? Perché c'è anche il rovescio della medaglia. Il lato negativo forse più importante fra quelli probabili, è associato alla grandezza della finestra temporale. Un investitore in azioni, non ha limiti di tempo: acquista quando vuole, ma, soprattutto, vende quando vuole. Nelle opzioni noi sappiamo di avere delle date precise entro le quali si può esercitare, e quindi chiudere, le posizioni. Altro aspetto, anche se secondario, è che una strategia di questo tipo ricalca l'andamento di un'azione, ma non ne incorpora la sostanza.

Le azioni nascono come strumento per la partecipazione alla vita di un'azienda, infatti queste incorporano in sé anche dei diritti tra cui i principali sono: quello di voto è quello di partecipazione ai dividendi. Come è chiaro questa strategia non ne offre nessuno dei due.

RIEPILOGO DEL CAPITOLO 3:

- SEGRETO n. 9: La differenza tra futures e opzioni sta nel fatto che, mentre i futures prevedono di adempiere obbligatoriamente al contratto, le opzioni conferiscono al detentore la facoltà di adempiere.
- SEGRETO n. 10: Le opzioni al momento dell' esercizio possono essere: out of the money, at the money o in the money. Solo una su tre ci porta un beneficio economico.
- SEGRETO n. 11: Con le opzioni si possono realizzare guadagni anche quando gli strumenti tradizionali falliscono, generando perdite a bocca di barile per gli investitori tradizionali.
- SEGRETO n. 12: Mai andare eccessivamente lunghi con le scadenze dei contratti derivati, a meno che non ci sia alla base un'innegabile vantaggio economico, perché altrimenti buona parte del beneficio monetario si perderebbe con i premi versati.

CAPITOLO 4
Come investire con Warrant e Covered Warrant

Come ultimo capitolo, ho lasciato quello relativo agli strumenti che, oggi come oggi, non rivestono un ruolo particolarmente importante se paragonati con i futures e le opzioni.

Circa 20 anni fa, quando le operazioni allo sportello erano la normalità e il trading on-line era ancora agli albori, non era inusuale imbattersi in acquirenti occasionali di questi strumenti. Mi ricordo una mattina del '97, periodo di pieno boom economico, quando dovevo depositare del denaro liquido in banca e dovevo comperare caramelle e penne. Mi recai in una tabaccheria vicino alla mia banca di allora, per acquistare le caramelle e le penne e mi trovai davanti sette persone. La prima della fila era una persona molto anziana e stava dicendo i numeri da giocare al lotto, alla tabaccaia di turno. Finito di giocare esce ed io, dopo alcuni minuti, compro quello che dovevo, esco e mi dirigo alla banca. E chi ti incontro? La stessa donnina del gioco del lotto che, buttando uno sguardo al borsino telematico, chiedeva di acquistare warrant scritti su vari titoli, come prima diceva i numeri da giocare.

Io ho una profonda ammirazione per le persone, di ogni età, che acquistano e vendono prodotti finanziari, come se prendessero oggetti in un mercatino di beneficenza. Oggi però le cose sono cambiate e di molto. Nell'era del .com, anche investendo in carciofini sott'olio, si era certi di portare a casa una bella pagnotta. Come ho ripetuto spesso, il mondo della finanza è cambiato, come lo sono le regole che lo governano. Anche l'approccio all'investimento ha subito delle variazioni anche se gli strumenti sono rimasti, più o meno, gli stessi.

Warrants

I warrants sono strumenti finanziari derivati che conferiscono al detentore la facoltà, e non l'obbligo, di: sottoscrivere (warrant per sottoscrizione), acquistare (warrant per acquistare) o vendere (warrant per vendere) entro una data di scadenza, o alla scadenza, prefissata un determinato quantitativo di azioni (dette appunto azioni di compendio) a fronte del versamento di un importo in denaro (prestabilito o no) in base al fatto che sia per sottoscrivere o per acquistare, oppure incassando un importo preventivamente stabilito nel caso della tipologia per vendere.

Da una prima lettura, vediamo che warrants hanno molto a che spartire con le opzioni. Come vedremo infatti avremo a che fare con: call warrant, put warrant, prezzi di esercizio, warrant americani ed europei e via dicendo. Tutte cose che abbiamo già incontrato quando abbiamo parlato del mondo delle opzioni.

SEGRETO n. 13: warrants ed opzioni, sono simili fra loro ma non uguali. Infatti, i primi sono emessi solo su azioni, non ci sono altri sottostanti come nelle opzioni o nei futures.

I warrants, sono spesso utilizzati per aggiungere un po' di pepe a particolari situazioni aziendali. Molto spesso infatti sono utilizzati come elementi accessori nei prestiti obbligazionari effettuati con obbligazioni convertibili (le obbligazioni convertibili, danno la facoltà al possessore, in determinate finestre temporali, di convertire la posizione da obbligazionista ad azionista, con un fattore di concambio predeterminato).

In aggiunta, i warrants sono emessi solo da alcune società quotate come pratica comune per effettuare un aumento di capitale con scadenza differita. Un aumento di capitale è una facoltà, attribuita a una società per azioni (s.p.a.), per acquisire nuovi capitali da destinare al finanziamento di nuove attività aziendali. L'aumento di capitale, deliberato in assemblea straordinaria, può essere: gratuito o a pagamento. Quello gratuito, è fatto utilizzando delle riserve e/o dei fondi speciali inseriti a bilancio. Quello a pagamento invece, determina un vero e proprio incremento del patrimonio societario, che avviene attraverso l'emissione di nuove azioni. L'aumento di capitale a pagamento è una vera e propria operazione di finanziamento, in quanto prevede nuovi conferimenti per la società. In questo modo la società stessa, si procura fondi a costo zero, considerando il fatto che, se non fosse ricorsa a questo metodo, avrebbe potuto ottenere gli stessi soldi chiedendo un prestito ad un istituto finanziario, oppure offrendo sul mercato un prestito obbligazionario. Gli ultimi due casi sarebbero stati a titolo oneroso per l'azienda, avrebbero cioè comportato l'esborso di interessi da parte dell'emittente. Cosa che non avviene utilizzando l'aumento di capitale. Chiusa questa finestra sul diritto societario torniamo ai nostri strumenti.

Quando viene fatto l'aumento di capitale, i nuovi titoli possono avere un prezzo superiore a quello di mercato, ma non minore o uguale. Questo perché, se si realizzasse una situazione del genere, saremmo in presenza di un cosiddetto annacquamento del capitale. Questa condizione, creerebbe notevoli problemi sia alla società che agli azionisti (è una forma di frode fiscale). Essendo i warrants contratti con cui il possessore ha la possibilità di sottoscrivere l'acquisto (call warrant) o la vendita (put warrant) del sottostante ad un prezzo entro una data preventivamente indicati nel contratto, non possiamo negoziare con leggerezza strumenti che hanno una portata rilevante sul mercato.

Mi preme riportare l'attenzione sulla parola sottoscrizione, questa situazione prefigura la non esistenza delle azioni al momento della stipula del contratto. Infatti, nel momento in cui chi possiede il warrant per sottoscrizione decide di esercitarlo, la società che ha messo il titolo deve emettere nuove azioni, in quantità tali da soddisfare l'intero contratto al prezzo stabilito. Questo aspetto appena citato, rappresenta un elemento di discontinuità forte con il mondo delle opzioni, infatti questa condizione è presente solo ed esclusivamente nel mercato dei warrants.

Tornando agli elementi in comune, uno degli aspetti più importanti sia per le opzioni che per i warrants, è rappresentato dalla possibilità che il titolo possa avere una vita distinta dal sottostante, ed essere così liberamente scambiato anche da solo.

Chi negozia questi strumenti, ha la facoltà di decidere in anticipo il prezzo delle azioni, prima di scontare probabili rivalutazioni o svalutazioni. Anche qui, se si commettono errori in relazione al sentiment di mercato, cioè noi supponiamo un comportamento ed il mercato si comporta in maniera diametralmente opposta, si possono registrare perdite di varia consistenza.

Al pari delle opzioni, anche per i warrants, il prezzo nel mercato è determinato da alcuni fattori quali: prezzo di esercizio, valore del sottostante, giorni rimanenti alla scadenza, andamento del sottostante e via dicendo. Si producono guadagni e perdite, nello stesso modo incontrato per le opzioni. L'acquirente di un warrant per sottoscrizione e/o di un call warrant, ottiene guadagni qualora il valore delle azioni di compendio subisca un incremento. Al contrario, il sottoscrittore di un put warrant subirà una perdita pari al prezzo pagato per acquisire il diritto, se il sottostante lievita.

Ricordiamo che le perdite risultano essere tanto più elevate,

quanto più le azioni di compendio quotano vicino al prezzo di esercizio fino a perdere tutto quando il prezzo dell'azione risulta essere minore del prezzo di esercizio.
Un'altra importante differenza tra opzioni e warrants risiede nel fatto che le opzioni hanno come sottostante multipli interi delle azioni. Il warrants invece hanno in genere delle frazioni di titolo come sottostante.

SEGRETO n. 14: i warrants hanno come sottostante dei sottomultipli dell'attività, questo li rende più duttili da utilizzare nella gestione di piccoli patrimoni.

Questo è un elemento tipico del warrant, facciamo un esempio. Supponiamo di avere acquistato 10.000 call warrants come prezzo di esercizio a € 10 con valore nominale 1/10 (questa frazione ci dice che per acquistare una sola azione necessitiamo di 10 warrants). Il warrant in sé ha un costo unitario di €0,057. Per acquistare questi 10.000 diritti, dovremo sborsare qualcosa come:

10.000 x 0.057 =570 €

Poniamo il caso che il valore dell'azione di compendio sia

passato, nel periodo di validità del contratto, da € 10 ha € 13. In questa circostanza, decidiamo di esercitare i nostri diritti. Per fare questo dovremmo corrispondere un importo pari a:

10.000 x (1/10) x 10 = 10.000€

Il conto è presto fatto 10.000 diritti moltiplicati per il valore nominale di 1 a 10, moltiplicati ancora per il prezzo di esercizio indicato nel contratto che era di € 10. Le nostre azioni però valgono ora € 13 e fanno sì che le 1000 azioni prenotate, abbiano un controvalore totale di € 13.000. Quindi alla fine di tutto, il nostro profitto sarà proprio pari a:

13.000 - 10.000 - 570 = 2.430€

Come vedete, è un po' quello che succedeva quando decidevamo di esercitare una opzione call scritta sui titoli. Le modalità di calcolo sono esattamente le stesse. Supponiamo ora di aver acquistato invece che dei call warrants, dei put warrants con le stesse caratteristiche del precedente. Poniamo il caso che questa volta il titolo arrivi a quotare 8 € per ogni azione. In questo caso il nostro risultato finale sarebbe stato pari a:

(10-8) x (1/10) x 10 x 10.000 = 2.000€

Non va dimenticato però, che da questi € 2.000 vanno tolti i € 570 usati per l'acquisto dei diritti. Sottraendo anche questa componente, terminiamo la nostra operazione con un sostanzioso guadagno di € 1.430.

Se le nostre aspettative di andamento del prezzo dell'azione di compendio fossero state disattese, sia in un senso che nell'altro, le nostre perdite sarebbero state pari all'ammontare dei premi versati per porre in essere le nostre strategie.

Vedete, è semplice effettuare una speculazione anche con i warrants, basta semplicemente intuire quelli che saranno i sentiment di mercato e cavalcare l'onda. Come per le opzioni, si deve prestare attenzione a molti fattori, non ultimo il livello di copertura offerto dal warrant che sempre una frazione di titolo. Per la caratteristica sopra citata, il warrant è spesso utilizzato con finalità di hedging. La copertura del rischio di mercato con questi strumenti, è particolarmente indicata per i piccoli investitori. Mi spiego meglio, tanti hanno portafogli azionari con poche decine, raramente centinaia, di titoli diversi. Ogni titolo poi è rappresentato da poche decine di unità, quindi coprirsi in questi casi con un'opzione risulta essere un atto eccessivamente prudenziale. Infatti il taglio minimo delle opzioni è di 100 unità, se non di 500 o 1000 addirittura. Coprire allora 10 azioni con una opzione che ne copre 100, significa perdere denaro perché abbiamo un eccesso di copertura, inutile per le nostre finalità. Il warrant, proprio perché strutturato su frazioni di titoli, si presta meglio delle opzioni alla copertura di piccoli pacchetti azionari. Tanti investitori partono con un esiguo numero di titoli azionari, per poi cominciare a incrementare le quote e anche a diversificare. Partendo progressivamente, anche il warrants ci possono dare una mano in questo senso, aiutandoci ad incrementare i nostri valori di portafoglio con una spesa relativamente contenuta.

Covered Warrant

I warrants, sono di per sé strumenti molto flessibili che ben si adattano alle esigenze dell'investitore evoluto dei giorni nostri. I covered warrants, sono strumenti finanziari, diversi dal comune warrant, i quali conferiscono al possessore la facoltà di acquistare (call covered warrants) o di vendere (put covered warrant) a un prezzo predeterminato ed entro una, o alla, scadenza un determinato quantitativo di un bene sottostante. In più esistono anche covered warrants per i quali è contrattualmente prevista la regolazione per contanti. Questa forma di liquidazione monetaria, prevede, per il possessore, la facoltà di incassare somme di denaro ottenute come differenza fra il prezzo di liquidazione e il prezzo di esercizio in valore assoluto (in valore assoluto, o modulo, di una operazione matematica è quell'ente che permette di tenere in considerazione solo la parte positiva del risultato di un'operazione).

Il sottostante dei covered warrants può essere costituito da: azioni quotate, panieri di titoli azionari, indici di borsa e valute. Come vedete c'è molto di più rispetto ai semplici warrants. In più, rispetto a questi ultimi, si possono ricomprendere addirittura: materie prime, tassi di interesse e anche titoli di Stato. Al pari delle opzioni anche i covered warrants si possono distinguere in: call e put, americani ed europei. In riguardo a quest'ultima distinzione c'è da fare una precisazione ulteriore: le opzioni americane possono essere scambiate fino al giorno prima della scadenza ufficiale del titolo mentre il covered warrant americano, può essere scambiato nel mercato fino al giorno stesso della scadenza. Proprio per questa caratteristica questi titoli vengono

anche chiamati con l'appellativo di "opzioni materializzate", proprio a causa della particolarità poco sopra esposta.
Un altro elemento in comune con le opzioni, è che le attuali emissioni di covered warrants, prevedono l'esercizio automatico alla scadenza così che, se il titolo è in the money o meglio ancora deep in the money, la facoltà contenuta nel contratto si eserciterà da sola senza l'intervento del possessore. A mio avviso, questa è una buona cosa, ma badate bene di non dimenticarvi di avere attivi questi investimenti senza prevedere una provvista sufficiente in conto corrente.

Ma allora perché si dovrebbe acquistare un warrant piuttosto che un covered warrant o viceversa? Guardiamo assieme quali sono le differenze più importanti fra questi due elementi. Primariamente i covered warrants possono avere come sottostante anche indici di borsa, valute, materie prime, tassi di interesse ecc. Quindi, nel caso che un investitore volesse proteggere posizioni che sono al di fuori delle semplici azioni, questi strumenti risultano essere molto più versatili rispetto ai semplici warrants che coprono invece solo posizioni su particolari azioni e non su tutte.

In secondo luogo, mentre i warrants devono essere emessi dalle stesse società che creano le azioni di compendio, o perlomeno da altre società quotate che possono emetterne a loro volta, i covered warrants non presentano vincoli di siffatta natura, potendo essi avere come sottostante quasi tutti gli strumenti del panorama finanziario.

In ultima analisi è importante la valutazione della finestra temporale per l'esercizio dei diritti che nei warrant è presente, ma che nella versione covered è parzialmente annullata in quanto possibile esercitarli non solo alla scadenza ma anche durante il periodo di validità.
Un'ultima caratteristica molto importante, è che nei covered warrants non si giunge mai alla consegna fisica del bene posto come sottostante. Questa liquidazione per cassa rende più facile l'utilizzo di questi strumenti e ne facilita la circolazione. Un elemento in comune tra i due tipi di warrant, e che li rende unici come strumenti derivati, è il fatto che ogni diritto è una frazione (sotto multiplo) dell'attività sottostante. Come abbiamo detto in precedenza questo rende appetibili questi strumenti anche ai piccoli risparmiatori, dandogli la possibilità di coprire posizioni

anche di modica entità.

SEGRETO n. 15: i covered warrant, sono strumenti snelli, versatili e molto liquidi, sono strumenti entry level particolarmente idonei per entrare in confidenza con i derivati.

RIEPILOGO DEL CAPITOLO 4:

- SEGRETO n.13: warrants ed opzioni, sono simili fra loro ma non uguali. Infatti i primi sono emessi solo su azioni, non ci sono altri sottostanti come nelle opzioni o nei futures.
- SEGRETO n.14: I warrant hanno come sottostante dei sottomultipli dell'attività, questo li rende più duttili da utilizzare nella gestione di piccoli patrimoni.
- SEGRETO n.° 15: I covered warrant, sono strumenti snelli, versatili e molto liquidi, sono strumenti entry level particolarmente idonei per entrare in confidenza con i derivati.

Conclusione

Siamo così giunti alla conclusione di questo viaggio insieme, che ci ha portato a esplorare l'affascinante mondo degli strumenti derivati. Quello che volevo trasmettere con questo testo, a tutti coloro che lo leggeranno, è che questi strumenti sono indispensabili per il buon esito di ogni strategia di investimento. È anche importante sottolineare che la lettura di questo ebooket, non vi renderà immuni da errori e neanche potrà garantirvi di effettuare solo investimenti redditizi. Sicuramente però vi avrà reso più consapevoli e più curiosi e vi darà modo di approfondire le potenzialità di questi strumenti e di capire meglio cosa possono fare di concreto per voi.

Diventare un risparmiatore evoluto, significa anche conoscere gli strumenti con cui si può avere a che fare ed anche le varie applicazioni. Il nuovo risparmiatore è un soggetto più responsabili che si assume, in prima persona, la responsabilità del buon esito dei propri investimenti.

Ricordatevi sempre che alla base di ogni attività, qualunque essa sia, ci sono delle regole e la loro conoscenza può aiutarvi a prevenire errori dei quali vi potreste pentire. Tenete sempre a mente queste semplici regole:

1. Conoscere sempre le regole del gioco, non ci si siede ad un tavolo da poker per giocare con le regole del black jack.
2. Acquisire le conoscenze giuste, bisogna sempre sapere cosa si sta acquistando.
3. Scegliere lo strumento giusto, è bene sapere cosa si sta acquistando, ma anche perché lo si sta acquistando; bisogna sempre conoscere quali sono i propri obiettivi.
4. Operare sempre correttamente, bisogna scegliere bene la strategia prima di porre in essere. Non possiamo pensarci più in più ricordatevi sempre di essere fedeli a voi stessi se viene fatta una cosa e perché c'era un motivo forte che ci ha spinto a farla, non dobbiamo avere paura di mantenere la rotta.
5. Monitorare, monitorare, monitorare, il vecchio adagio "finché la barca va, lasciala andare", è stato un grande successo di Orietta Berti, nelle nostre finanze però, vale solo fino a quando le cose vanno bene. Quando le cose vanno male, oppure le condizioni familiari cambiano, anche le strategie devono cambiare con essa.

Vi lascio augurandomi che la lettura di questo testo sia stata piacevole per voi quanto lo è stato lo scriverlo per me. Ringraziandovi ancora per la scelta, vi saluto e vi do appuntamento alle prossime avventure.

Osate sempre qualcosa di degno!

www.ingramcontent.com/pod-product-compliance
Ingram Content Group UK Ltd.
Pitfield, Milton Keynes, MK11 3LW, UK
UKHW022018190726
13853UKWH00005B/1997